LA SABIDURÍA
INVISIBLE DEL NONATO

LA SABIDURÍA
INVISIBLE DEL NONATO

¿Es tu futuro decidido antes de tu nacimiento?

ATUL K. MEHRA

Este libro está dedicado

A la amada memoria de mi padre, Raghu Nath Mehra

y también a mi madre, Darshi Mehra

Acerca del Autor

Atul Kumar Mehra es un autor, orador internacional y psicoterapeuta registrado en Ontario, Canadá. Ha participado en Videos de Paneles de Discusiones Moderadas con el Dr. John Gray (el autor de: *Los Hombres son de Marte y Las Mujeres son de Venus*) con varios temas. Ha sido orador invitado en cientos de programas de radio y televisión en diferentes idiomas, también ha sido el presentador principal en conferencias nacionales e internacionales.

Atul nació en Nueva Deli, India, y obtuvo su maestría en India y una en Terapia Integral de Psicología Profunda en Alemania. Ahora reside en Mississauga, Ontario, Canadá, con su esposa y dos hijas.

Atul siempre ha tenido cierto amor por la escritura y ha publicado artículos en diferentes países y en diferentes idiomas. Además de este libro, también está trabajando en otros dos libros – *La Adicción es Supervivencia, No Culpa* y *Programa tu Mente Subconsciente*.

Cuando no está trabajando, Atul disfruta jugar ajedrez, leer y escribir. También enseña yoga, meditación y baile de meditación y es un gran fan del fútbol. Ama viajar y conocer gente, y habla fluidamente español, inglés, hindú y punjabi. Ha hecho trabajo voluntario con adultos mayores en Venezuela.

En el futuro, Atul continuará escribiendo libros adicionales, para compartir su conocimiento con un grupo amplio de personas, y para compartir el amor y compañía de su familia.

Puedes mantenerte al día con Atul Kumar Mehra en AtulMehra. com.

Contenido

Agradecimientos

Ninguna madre es mala, de otra forma no estaríamos aquí. Siempre digo esta frase como respuesta cuando escucho a alguien criticando o hablando mal de alguna madre. No puedo evitar pensar que nuestros padres hicieron lo que pudieron al criarnos, considerando la época y circunstancias. Y nosotros haremos lo mismo por nuestros hijos.

Así que me gustaría dedicar este libro, primero que a nadie, a mi madre, Darshi Mehra, y a mi padre, Raghu Nath Mehra, ambos fueron mis primeros maestros en la vida, y me aceptaron y permitieron que me convirtiera en quien soy. Su amor, apreciación, y fe me guiaron y alentaron en cada paso en mi vida, incluso todas las veces que toqué fondo. También estoy agradecido con mi abuela, Raj Mehra, quien habló con mi madre acerca de su experiencia en el embarazo cuando llevaba en su vientre a mi hermano menor. Fue este evento lo que comenzó mi curiosidad acerca de los misterios de la vida que crece en el vientre – una curiosidad que culminó con este libro. También me gustaría extender mi gratitud a mis abuelos, Jagat Ram Mehra y Raj Mehra, Moti Ram, y a mi abuela Dulari Kapoor, quienes siempre me han amado incondicionalmente.

Este libro no sería una realidad sin mi amada y amorosa esposa, Tatiana Mehra, quien es una parte muy importante e indispensable en mi vida. No sólo me ha alentado, amado y apoyado a través de cada página y cada momento, sino que también me ha bendecido con dos hermosas hijas, Anisha Mehra y Ambar Mehra. Ambas me causan inmensurable alegría y me han regalado mi propósito de vida, permitiéndome revivir esos días gloriosos de experiencia intrauterina o "semillas" que germinaron en ideas y descubrimientos contenidos en este libro.

Mi gratitud también se extiende a mis alentadores hermanos, Rinku Mehra y Abhinav Mehra, quienes me han acompañado y ayudado cuando más lo he necesitado. Siempre han estado ahí para mí a través de todas mis experiencias de vida.

Me gustaría tomar esta oportunidad para agradecer a todos los que han sido parte de mi vida todos estos años, y me han influenciado durante mi niñez de una forma u otra. Entre ellos están mis familiares: Shyam, Bholi, Santosh, Tinku, Buna, y Deepak. Con mención especial a Arturo, Martha, Mauricio y especialmente a Maruja Calderon, así como a Anchal, Pooja y Ariv.

Extiendo mi sincera gratitud a mis amados amigos y maestros Werner Meihold y Jose Villalba, ambos me han alentado en mi camino hacia la psicología profunda para revelar y entender lo niveles inconscientes para que pudiera revelar los misterios y secretos de las futuras madres y sus hijos nonatos.

También estoy agradecido con mis clientes, en particular con Rosio Galarza, quien me ayudó a navegar en las profundidades en la mente subconsciente para revelar los más profundos secretos ocultos de los seres que residen en nuestra mente.

Este libro no estaría completo sin la mención especial de mi amigo, Kirsty Higgins y Dinesh Bharuchi, quien por su constante aliento y por creer en mi trabajo me impulsó a escribir este libro.

Mi sincero agradecimiento se extiende hacia dos personas especiales que me ayudaron a completar mi libro. Mi sincero agradecimiento para Anjana Thorm, quien me ayudó editando este libro con paciencia y entendimiento, y también me ha dado retroalimentación valiosa para finalizar el título del libro. Mis más sincero y profundo agradecimiento a mi increíblemente creativo y generoso cuñado, David Arias, quien de forma perseverante me dió su tiempo y experiencia para crear la hermosa portada de mi libro.

Finalmente, me gustaría agradecer a Adalgisa Mullanno Fernandez quien me ayudo a traducir el libro y un agradecimiento muy profundo para Dra. Yelen Cuesta quien dedico a su valioso tiempor para editar y corregir la traducion en espanol.

Sobre todas las cosas, estoy eternamente agradecido con Dios, su divino amor y guía espiritual me inspiraron a actualizar este libro para hacer este día posible.

Prólogo

Mi amigo, Atul Mehra, un conocido psicoterapeuta y autor de este libro, *La Sabiduría Invisible del Nonato*, comparte un magnífico espíritu y relación profesional conmigo. Como un apasionado investigador de la psicología profunda, Atul llenó este libro de una increíble cantidad de información.

Por la virtud de las experiencias de sus sujetos y casos de estudio, Atul ha combinado de forma lúcida y poderosa conceptos espirituales y psicológicos para introducir un concepto completamente nuevo de holismo, que es una experiencia positiva y enriquecedora.

El esfuerzo es para balancear la aflicción de una nueva vida por venir (niño nonato) con una experiencia pacífica y positiva. Esta experiencia es la realización de una mujer que va a volverse madre. Ella, por sí misma, necesita ser guiada por pensamientos positivos que reflejen un elemento de alegría y satisfacción, perdón, y originalidad, amor y coraje.

El resultado de ésto no tiene precio - ¡Un hijo nacido de y con sabiduría!

Sin entrar en cada detalle que el autor ha añadido, confío en que este libro es para cada lector que desea comenzar una búsqueda para revelar los secretos detrás del despertar del vientre – la cuna de una transformación positiva consciente.

Dr. R.K. Raina
Nueva Delhi, India
Miércoles, febrero 8, 2017

Madre es una esencia, bebé es una existencia,
y juntos celebran la creación de Dios.
Atul Mehra

Introducción

No muchos libros han sido escritos en el tema de la vida intrauterina.

Nuestro mundo moderno considera el comienzo de la vida cuando el bebé nace del vientre de su madre. La vida intrauterina ha sido de poca importancia o insignificante para muchos de nosotros. Una histórica epopeya sánscrita en India llamada "Mahabharata" habla de que, cómo un niño nonato en el vientre de su madre, Abhimanyu, aprende cómo abrir lo que parecía ser una formación de defensa aparentemente impenetrable y compleja. La epopeya explica que escucha a su padre hablando con su madre sobre la importancia de la estrategia defensiva para vencer a uno de sus enemigos. Esta pequeña pieza de información juega un rol significativo en la batalla épica, permitiendo que Abhimanyu penetre la formación defensiva y venza a muchos de sus enemigos.

Recuerdo cuando era joven y mi mamá estaba embarazada de mi hermano menor, mi abuela Raj Mehra le aconsejó no ver películas negativas ni leer nada negativo. Alentó a mi madre a pasar su tiempo escuchando buena música y haciendo oración a Dios. Según mi abuela, los pensamientos de la madre – positivos o negativos – impactan directamente la personalidad del bebé. Yo no pude comprenderlo en ese momento. Sin embargo, después de años de tratar pacientes, confirmé que los pensamientos de los padres afectan sus vidas. Fue increíble para mí que mi abuela y su generación estuvieran al tanto de esta información tan valiosa.

A partir de ese momento, la curiosidad echó raíz, y a partir de ahí

1

creció y comenzó a dar frutos, hasta convertirse en algo más grande y fuerte. Aunque viví una vida intrauterina saludable, mi experiencia practicando con mis clientes hizo necesario que escribiera este libro para explicar estas ideas. De hecho, esta idea se ha transformado en algo simbólico para mí.

Como individuos evolucionamos espiritual y psicológicamente de forma contínua, como una carrera para tener progreso científico y social, pero colectivamente, permanecemos en la oscuridad en los secretos de la vida del nonato. La investigación de la vida intrauterina ha rechazado el escepticismo. El día de hoy sabemos que, en el segundo trimestre del embarazo, el feto puede reconocer sonidos y olores, y en el sexto mes, puede percibir luz. A pesar de este conocimiento, la idea de que el feto tenga completa consciencia, sentidos nacientes, y la memoria de vivir en el vientre de la madre aún es dudada o negada en muchos círculos hoy en día. Para entender esto, necesitamos ir más allá del pensamiento analítico y juicios para partir de la realidad que existe dentro de nuestro propio margen de referencia y manera de pensar.

Propongo que emprendas un viaje hacia lo desconocido conmigo. Solo prepárate para navegar las páginas de este libro cuidadosamente a través de las historias resumidas de mis clientes para que experimentes estar en una nueva dimensión, diferente de cualquier otra que hayas experimentado.

En este libro, te presentaré evidencia diferente pero excepcional reunida durante años de investigación trabajando con diferentes personas. Estas personas me han permitido, durante este período terapéutico, dar un vistazo hacia las memorias intrauterinas conforme esas experiencias se revelan. A través de estos testimonios, daremos un vistazo a los misterios más profundos escondidos en un pequeño ser que aún está creciendo en el vientre de su madre.

La vida intrauterina es una vida más allá del espacio y tiempo, aunque irónicamente, existe en el tiempo y el espacio. El bebé no sólo retiene información externa (por ejemplo, imágenes visuales, impresiones auditivas), sino también experimenta emociones internas como el rechazo y amor. Estas impresiones no tienen un lenguaje analítico, pero de hecho tienen un lenguaje propio en forma de imágenes, sonidos y emociones; y extrañamente son la base para atraer el resto de las experiencias de vida. Son como huellas que están grabadas permanentemente en nuestra mente subconsciente y sólo pueden ser rastreadas o accedidas en un estado especial de relajación, ayudándonos a entender cómo podemos vivir nuestra vida como un "todo".

En este momento es cuando debemos percibir y no intentar explicar o entender. Si tuviéramos una conversación acerca del lazo de amor entre un bebé y sus padres, éste es el momento de pensar fuera de la caja y permitirnos entender esos mensajes de la vida intrauterina que han hecho posible una conexión tan maravillosa.

Cada uno de nosotros tiene la habilidad y capacidad de formar nuestras vidas en algo hermoso y alegre. Puedes abandonar la máscara dolorosa de angustia y conectar con un ser interior *sólo si quieres hacerlo*. Las páginas de este libro sirven como una guía para mostrarte cómo liberarte de patrones negativos y reconectar con los positivos. Si buscas transformar algunas cosas en tu vida, entonces este libro te comunicará esos mensajes claves que necesitas para hacer que suceda.

En el tiempo presente, después de haber tenido más de 7,000 sesiones, estoy listo para compartirte información. Mi vocación para ser un "Investigador del Subconsciente" se ha realizado ya que cada día que pasa se fortalece mi convicción sobre la importancia de la vida intrauterina, del feto, y del futuro nacimiento de un humano.

Mucho de mi agradecimiento va hacia mis maestros y clientes que han contribuido directa o indirectamente en este libro. Ahora todos los padres pueden tener un mejor entendimiento de la conexión entre las diferentes emociones y "patrones de pensamiento" de sus bebés y las circunstancias a las que se enfrentarán. Esto les ayudará a crear una narrativa amorosa y positiva con él bebé para poder establecer una relación más cercana desde el primer momento.

Alguna vez un cliente me hizo la observación de si una mamá embarazada tomara esta terapia, prevendrían muchos traumas futuros y problemas en la vida de sus hijos. Añadiendo a esa observación, me gustaría enfatizar que no solo las futuras madres se benefician de esta terapia, también cada uno de nosotros.

Atul Kumar Mehra

"Lo "correcto" es un sueño.
Lo "falso" también es un sueño.
Maestro Takuan

Capítulo 1
La Hipnosis y la Vida Intrauterina

La palabra "hipnosis" proviene de la palabra griega Hipnos, la cual es frecuentemente entendida como dormir, también como muerto. De hecho, en la mitología griega, Hipnos y Tánatos eran hermanos gemelos, Tánatos siendo el Dios de la Muerte e Hipnos el Dios del Sueño.

Cuando escuchamos la palabra hipnosis, nos imaginamos bajo el mando de alguien más, que nos ordena hacer una que otra cosa ridícula, o nos imaginamos cediendo el control a un hipnotizador que nos manipula para hacer y decir cosas contra nuestra voluntad. Otros pueden opinar que, hipnotizado, la persona está bajo un estado inconsciente, por lo que no se da cuenta de lo que está pasando. Algunos incluso pueden pensar que la hipnosis es un estado consciente alterado. Algunos consideran la hipnosis como terapia sugestiva. Incluso puede que nos dé miedo ser hipnotizados, pero al mismo tiempo, somos presos de nuestra curiosidad. ¿Puede decirse que no sabes lo que pasa a tu alrededor cuando estás hipnotizado?

Honestamente, ninguna de las afirmaciones de arriba es verdad. Nadie puede hipnotizarte. Tal vez cuando alcanzas un estado de hipnosis – un tipo de sonambulismo, hipnosis – eso quizá podría ocurrir. Aun así, puedes alcanzar ese estado si permites, a través de tu libre albedrío, al hipnotista guiarte a hasta ahí, y después no pones ninguna resistencia cuando se te dan las instrucciones. Claro, el hipnotismo de sonambulismo ha ayudado a muchas personas en cierta forma, sin embargo, desde la perspectiva de la Psicología Profunda, se dice que estas circunstancias pueden ser similares a la de un padre dominante simbólico que hace obedecer a su hijo. Para ser aceptado por este padre simbólico, el hijo obediente humildemente sigue las instrucciones. Esto puede revivir y reforzar traumas de la infancia en un nivel subconsciente.

Sorprendentemente, cerca del 95% de nuestras vidas se vive bajo hipnosis, usando solamente el 5% de nuestro estado vigilante – cuando comenzamos una aventura con un amante, una adicción, una fobia, entramos en conflicto con alguien, estamos inhabilitados para controlar nuestras emociones, tenemos una dependencia psicológica o emocional, etc. Honestamente, ¿Cuántas veces hemos intentado estar tristes o deprimidos racionalmente o a sabiendas en nuestra vida? En la hipnosis no duermes ni pierdes consciencia; simplemente es un estado profundo de concentración en el que la persona está incluso más despierta que antes. Por esto, no puede considerarse un estado de consciencia alterado. Más bien es un tipo muy especial, natural y básico de consciencia o sensibilidad interior.

En nuestras actividades diarias usamos un estado de vigilancia intercalada con un estado hipnótico ya que muchas actividades son realizadas de forma inconsciente. Esto significa que nunca hay 100% de vigilancia. Por ejemplo, cuando vemos una película, sabemos que es drama ficticio, aun así, nos hipnotizamos mientras nuestras emociones nos llevan a sentirnos tristes, felices o con miedo basado en la escena frente a nosotros. Ese es un estado de vigilancia e hipnosis presentes simultáneamente. Otro ejemplo es cuando dormimos o tenemos sueños, pero después recordamos algo de lo que soñamos. Aquí hay una mezcla de sueño y vigilancia. Todos experimentamos un estado de hipnosis en la vida diaria.

La vieja definición de *hipnosis* es actualmente usada para denotar un fenómeno del llamado "tercer estado de conciencia", tal como un *estado vigilante* (primer estado) y como un sueño (segundo estado). Es comúnmente entendido como un estado "extraordinario" de conciencia limitada, casi como un *sueño*.

De acuerdo con la nueva definición hecha por Werner Meinhold, la hipnosis es el primer estado de consciencia. Él explica que la "hipnosis" no es un sueño ni un estado "extraordinario". Más bien consiste en varios estados de consciencia que son muy naturales y corresponden a las estructuras arcaicas del cerebro y sus funciones específicas. A continuación, están las estructuras principales del cerebro:

a) El hemisferio derecho de la corteza
b) El sistema límbico
c) El tronco encefálico

Esta estructura arcaica y sus funciones nos acompañan e influencian en nuestra vida diaria de forma contínua e indispensable, aun así, se mantienen en un nivel subconsciente. Bajo la hipnosis consciente, estos procesos pueden ser reconocidos por el hecho de que muchos estados hipnóticos de la consciencia (el estado durante la evolución del Sistema Nervioso Central como se menciona en el capítulo Consciencia Mamífera vs Reptil) son evolutivamente más antiguos. Al mismo tiempo, son la base de otras funciones y estados de consciencia vitales. Meinhold llamó a la hipnosis el "primer estado de consciencia".

Para entender mejor su función en el día a día, usaré un ejemplo. Por ejemplo, manejas un automóvil y alguien aparece frente a ti de la nada; inmediatamente pisas el freno como respuesta automática. Esto se desencadena en el hemisferio derecho o la estructura arcaica del cerebro, que reacciona y registra tu ansiedad y miedo causado por tu percepción del peligro o amenaza de ese evento. Ahora, le toma algo de tiempo al hemisferio izquierdo o a la parte racional del cerebro el hacer una aparición, tal vez alguien junto a ti diga, "Gracias a Dios nada sucedió y ahora puedes calmarte". Tu ansiedad y miedo pudieron aparecer instantáneamente, pero te tomará más tiempo tranquilizarte. La respuesta de ansiedad es desencadenada por el sistema límbico, que se localiza en el hemisferio derecho, o el cerebro arcaico.

Por otro lado, el lento proceso de racionalización corresponde al nuevo cerebro o al neocórtex. La información que es comunicada del "viejo cerebro" es más rápida que la información comunicada desde el "nuevo cerebro". Por esto nos molestamos rápidamente, pero es más lento el calmarnos. Siempre vivimos en la zona de guerra a lo largo de nuestra vida. Cuando realizamos una acción basada en emociones, entonces podemos decir que hemos hecho algo irracional; controversialmente, si hacemos algo racional podemos decir que hemos sobrellevado nuestras emociones. La batalla entre estos hemisferios es como la batalla de Titanes. Necesitamos aprender a crear un balance entre esas dos zonas para crear una vida saludable. Esto puede lograrse cuando comenzamos a usar nuestro sentido de conciencia en todo lo que hacemos en nuestra vida diaria.

La hipnosis permanece como el estado predominante de consciencia hasta la edad de 6 o 7 años, donde la corteza comienza a influenciar y dominar la conciencia del niño. Este también es el momento cuando el niño comienza la escuela primaria. Desde la concepción hasta los primeros 3 años de su vida, él bebé vive en un estado profundo de hipnosis y no puede diferenciar entre la realidad y la fantasía. Por ejemplo, tu primer idioma es el español y lo aprendes naturalmente de tus padres. No los cuestionas por la forma en que te enseñan a hablar o a entender español. Sin embargo, cuando creces – a alrededor de digamos 15 años o menos - comienzas a darte cuenta de que hablas español. Mas adelante, puede que decidas aprender otro idioma como alemán o italiano. Entonces usarás el español como tu base para aprender este nuevo idioma, y comenzarás a discutir activamente el significado de ciertas palabras en español.

El primer hombre en tu vida fue tu padre y la primera mujer en tu vida fue tu madre (hablando de forma general donde todas las situaciones son iguales). Desde la concepción hasta los primeros 3 años de tu vida, las impresiones, experiencias, y eventos – vistos, escuchados, imaginados y experimentados – se convierten en la base de tu personalidad y a lo largo de tu vida continuarás atrayendo y siendo influenciado por experiencias de vida basadas en ésta.

Un bebé de dos años no puede racionalizar como lo hace un adulto. Es casi imposible explicarle a una niña de dos años que su padre no puede comprarle la muñeca que tan desesperadamente quiere tener. Tampoco es recomendable que un niño vea programas violentos de televisión, o que se exponga a conflictos de los padres, peleas u otras experiencias negativas y no saludables porque es probable que demuestren un comportamiento agresivo y vean el mundo como un lugar aterrador.

Vivir en un estado constante de consciencia es la clave para salir de nuestro estado hipnótico. En India, la palabra *maya* es usada para denotar este estado. Considero a *maya* y a *hipnosis* como lo mismo. En hindú, *maya* significa ignorancia o ilusión. Nos consideramos orgullosos dueños de autos, casas, aparatos electrónicos, joyas, etc. Gastamos cientos de dólares para vernos lo mejor que podamos, o tener una gran figura, ya sea con cirugía plástica o una membresía de gimnasio. No digo que esto esté mal o que no deberías disfrutar de tus posesiones. Aun así, cuando comienzan a dominar tu vida y se vuelven tu razón para vivir, es cuando el sufrimiento y la ignorancia usualmente surgen. Este es el estado al que se refiere como *maya* – ignorancia o hipnosis. Vivimos una vida en hipnosis cuando somos esclavos de objetos materiales y nuestro éxito depende de cuánta riqueza tenemos o del estatus que nos forjamos. Mientras más ricos y famosos seamos, es la importancia que nos adjudicamos. Esto es extremadamente ignorante porque no se considera que la única realidad de la vida es la muerte y todo lo demás es simplemente una posibilidad. La muerte es un gran igualador - rico o pobre, hermoso o feo, famoso u olvidado. La percepción de las posesiones materiales como pertenencias para mí es meramente temporal e hipnótico. Si nos desprendemos de esta percepción limitante e ilusoria, entonces evolucionamos a un nivel más alto de consciencia. Salir de ese nivel de ignorancia es lo mismo que volverse independiente de *maya*. La vida es una recopilación completa de diferentes experiencias en diferentes edades y etapas; todo lo que nos "pertenece" hoy puede pertenecer a alguien más mañana. ¿No es eso increíble?

Esta investigación ofrece un nuevo paradigma de la ciencia, que establece que al adoptar una visión holística podemos establecer que en la fase uterina hay un apego a los niveles físicos y espirituales, los cuales sustituyen el nivel biológico. La hipnosis es un estado natural de consciencia hasta la etapa escolar porque la corteza no comienza a dominar la conciencia hasta entonces. Además de esta conexión, la actitud de la futura mamá embarazada hacia el bebé en el vientre se vuelve la mayor fuente de bienestar y felicidad o miseria y enfermedad en su bebé.

La ciencia se transforma y evoluciona constantemente, mientras que el desarrollo de nuevas tecnologías ha resultado en la creación de excelentes sistemas de investigación. Mientras evoluciona la ciencia, ésta postula nuevas teorías para entender el mundo, construir nuevas realidades y busca nuevas oportunidades, mientras desacredita los viejos y desgastados puntos que no siguen ajustándose a este paradigma.

El entendimiento de la unión física entre el bebé y la madre en la fase uterina nos introduce a un nuevo paradigma orgánico-espiritual, que va más allá de la visión del mundo limitado y materialista del paradigma Cartesiano (la razón y el sentimiento van separados; la materia y el espíritu no son lo mismo).

Este capítulo nos lleva en un viaje desde el paradigma mecanicista hasta el holístico.

La génesis del mundo es un acto psíquico
y de este autoconocimiento se origina
la evolución del mundo físico.
Mircea Eliade (De la sabiduría hindú)

Capítulo 2
Consciencia Reptil vs Consciencia Mamífera

La Evolución del Sistema Nervioso Central

Nuestro cerebro es una increíble maravilla diseñada por la madre naturaleza. Imagina cientos de millones de células creando 100 trillones de conexiones, billones de señales interconectándose y haciéndonos quienes somos. Este pequeño pero impresionante contenedor con una masa gelatinosa y peso aproximado de 3 libras ha estado creando un sinfín de preguntas y desconcertando por igual a muchos científicos, investigadores y practicantes de meditación.

Es muy interesante entender la historia de la evolución de la mente humana. ¿Cómo comenzó todo? ¿Cuáles fueron los primeros pasos evolutivos o cambios que tuvieron lugar millones de años atrás? Aunque muchos años de investigación se han ido en la investigación de las simples pero complejas funciones de nuestro cerebro, aun es un desafío entender los orígenes de la mente humana y su capacidad máxima de funcionamiento.

El cerebro humano contiene cerca de 11 billones de células nerviosas especializadas, o neuronas, capaces de recibir, procesar y transmitir pulsos electroquímicos en los cuales se basan todas nuestras sensaciones, acciones, imaginación, pensamientos, y emociones; pero la parte más emocionante no es sólo el número de neuronas, sino qué tan organizadas e interconectadas están.

La historia de la evolución de cada parte del Sistema Nervioso Central (SNC) nos permite llegar a una importante conclusión para el entendimiento de la naturaleza humana y su desarrollo. De acuerdo con esta investigación científica, el cerebro humano ha pasado por una muy compleja evolución de casi 3.8 billones de años. Comenzando con la consciencia unicelular, el cerebro humano evolucionó en varias etapas: consciencia de la colonia celular – consciencia multicelular – sistema nervioso – consciencia reptil – consciencia mamífera – consciencia primate – consciencia primitiva – consciencia del hemisferio izquierdo/ analítica-lógica que sólo tiene entre 30,000 y 5,000 años.

Es importante mencionar ahora las leyes biogenéticas (teoría del desarrollo) de HAECKEL. Es una teoría en Biología por el zoólogo y ateo alemán Ernest Haeckel. En esta se indica que cada infancia es una hipnosis natural, sugiriendo que la ontogénesis (desarrollo individual) repite la filogénesis (desarrollo grupal). Por esto cada humano pasa por un proceso completo de evolución del cerebro humano durante su desarrollo embrionario e infantil. Comienza con la célula primaria, pasando a través de la estructura arcaica con su estado de consciencia hipnótico correspondiente para culminar con la consciencia más desarrollada en el hemisferio izquierdo de la corteza. Solo tiene entre 30,000 y 5,000 años – también conocida como la neocórtex o corteza cerebral – y es considerada como un estado vigilante, el asiento de la autoconsciencia, o el centro lógico-racional del cerebro.

Aunque es criticada y desacreditada por muchos, diversos observadores han notado muchas conexiones entre la ontogénesis y la filogénesis, explicándolas con términos de teoría evolutiva y tomándolos como evidencia que apoya esta teoría. Por ejemplo, la columna vertebral – una estructura común entre todas las vértebras – aparece como una de las primeras estructuras entre las vértebras del embrión. Investigaciones de finales del siglo XX confirmaron que "tanto la evolución biológica como las etapas del desarrollo cognitivo en la infancia siguen el mismo progreso evolutivo sugerido en el registro arqueológico (Wikipedia). No quiero adentrarme en complicados detalles sobre la veracidad de la ley biogenética; mi única idea es usarla como referencia para explicar la importancia de la consciencia mamífera y reptil, ya que ambas juegan un papel significativo e interesante en las vidas de mis clientes enfrentando problemas de abandono.

Estas etapas de desarrollo del Sistema Nervioso Central han sido escrita de la forma más sencilla para explicar la evolución del bebé en el vientre materno y pueden ser diferentes de otros reportes disponibles; sin embargo, mantienen su esencia acerca del desarrollo de la conciencia.

Nuestro Viejo y Nuevo Cerebro

La madre naturaleza se caracteriza por ser amorosa, lo que nos mantiene a todos juntos. Esto también sucede con nuestra consciencia. Nuestro cerebro tiene muchas áreas diferentes que han evolucionado en momentos distintos. Cuando un área en el cerebro de nuestros ancestros creció no fue desechada, sino que retuvo su naturaleza en lugar de transformarse a un nivel nuevo más reciente. Hoy en día, nuestra corteza cerebral/neocórtex se considera una nueva e importante área del cerebro humano, cubriendo e incluyendo las antiguas y más primitivas partes. Estas regiones primitivas no han sido eliminadas, más bien se mantienen activas y al mismo tiempo "invisibles", y tienen un control indiscutible sobre el cuerpo humano. Estas partes primitivas del cerebro humano continúan operando de acuerdo con el conjunto de programas estereotipados e instintivos que vienen de mamíferos y de antiguas especies de reptiles que se han incorporado a la tribu mamífera.

Algunos experimentos han mostrado que una gran parte del comportamiento humano se origina en las áreas del cerebro que alguna vez controlaron acciones vitales en nuestros ancestros, pero ahora se mantienen profundamente escondidas. Veamos un ejemplo, los reptiles tienen tres funciones básicas: hambre, sueño y supervivencia, incluyendo la respuesta defensa o huida.

Imagina que estás en un lugar donde eres testigo de hermosas enseñanzas sobre la no violencia, respeto y cortesía. De la nada alguien grita "¡¡¡F…ue…go!!!". Seguramente, te pondrías nervioso mientras ves a los demás correr hacia la puerta. Inmediatamente olvidas esos escenarios de respeto y lógica que acabas de presenciar, y no te cuestionas el pasar sobre otros para salvar tu propia vida. Esto prueba el innegable control que tiene sobre tu cuerpo nuestro primitivo cerebro reptiliano, que solo se preocupa por sobrevivir.

¿Qué tan difícil sería para nosotros el imaginar un grupo de padres que nunca se hicieron cargo de sus hijos? Tan pronto como nace el más pequeño, los padres los abandonan, no sintiendo remordimiento, culpa o arrepentimiento de haberlo hecho. ¿Qué pasaría si el "patrón de vigilancia" nunca hubiera existido en nuestro cerebro y el abandono fuera una reacción natural? ¿Los culparías por abandonar a sus bebés? ¿Qué pasaría con sus bebés? ¿Sobrevivirían o morirían? Si lograran sobrevivir, ¿entonces cómo sería su vida adulta?

El cerebro reptiliano es responsable de los instintos de supervivencia. Los reptiles no protegen a sus crías. En ocasiones, las crías más pequeñas se vuelven el apetitoso bocadillo de los padres, y en otros casos los abandonan completamente y los dejan para alimentarse por sí solos. Los reptiles pequeños luchan por la supervivencia, así que vienen a este mundo equipados con toda la programación necesaria grabada en sus cerebros. Son como adultos en miniatura desde el momento en el que nacen.

Después, millones de años después, los reptiles comienzan a evolucionar y los primeros mamíferos aparecen. La parte más importante de la naturaleza de los mamíferos es el cuidado parental de sus hijos. El pequeño y vulnerable bebé mamífero necesita cuidado parental para sobrevivir. A través de muchas generaciones, los rasgos de indiferencia parental fueron eliminados y todos los mamíferos adultos que sobrevivieron a la vida salvaje se volvieron padres atentos y cuidadosos. Para añadir esta nueva forma de comportamiento, nuevos programas fueron codificados en el cerebro humano. Nuevas partes de la consciencia mamífera fueron combinadas con partes de la consciencia reptil. Junto con otros programas de hambre, sueño y supervivencia, se añadieron responsabilidades de cuidado parental y protección. Tanto las regiones en el cerebro reptil como las del cerebro mamífero están completamente envueltas y sepultadas bajo la corteza cerebral, pero continúan ejerciendo una gran influencia invisible y control sobre muchas de nuestras acciones y comportamientos en el día a día.

Es un poco más fácil el entender cuando somos testigos de diversos tipos de casos de abandono. La parte reptil de nuestro cerebro estaría más activa durante el momento del abandono, pero cuando nos sentimos culpables por no cuidar a nuestros hijos, lo hacemos desde la conciencia mamífera de nuestro cerebro. El cerebro mamífero es responsable de los sentimientos y la memoria.

Para darle más peso a este descubrimiento con mis clientes, busqué evidencia basada en la ciencia, y afortunadamente, me encontré con un artículo en línea que apareció en un periódico llamado "The Tuscaloosa News", impreso el 6 de diciembre de 1981. El famoso autor Dr. Robert Jastraw, un astrónomo internacionalmente conocido y autoridad en la vida del cosmos escribió:

"Algunos experimentos sugieren que lo sentimientos parentales surgen de algunos de los sentimientos más hermosos que se originan en estas áreas primitivamente programadas del cerebro que tienen origen en tiempos de antiguos mamíferos de hace más de 100 millones de años. En uno de los experimentos la corteza cerebral se removió del cerebro de un hámster femenino, dejando solo el comportamiento instintivo reptil y el antiguo mamífero. Aun así, el pequeño mamífero maduró de forma normal, mostró interés por hámster machos, dio a luz y fue una buena madre. Aún tenía "naturaleza de hámster – equivalente a la naturaleza humana."

En otro experimento, solo el antiguo centro mamífero del comportamiento instintivo fue removido y el hámster femenino perdió todo interés en sus recién nacidos. ¡Que intrigante!

Una parte muy importante del cerebro primitivo – que es del tamaño de una nuez – es conocida como el **hipotálamo** que forma parte del sistema límbico. Controla la temperatura corporal, el hambre, sed, fatiga, sueño y algunas partes importantes del comportamiento parental y de apego. Un estímulo eléctrico aplicado a una parte particular del hipotálamo durante un corto período de tiempo en el cerebro de cualquier mamífero o humano puede desencadenar un estado emocional de ansiedad, enojo, miedo y otros sentimientos negativos.

Es increíble saber más acerca de que hay dos "mentes" separadas residiendo dentro del mismo cuerpo. Uno es regido por las emociones que ha evolucionado durante millones de años y contiene consciencia antigua tal como la reptil y la mamífera. La segunda es dominada por la razón y reside en la corteza cerebral. Generalmente, el nuevo cerebro domina al viejo cerebro. Por ejemplo, vivimos diariamente con un razonamiento analítico, pero cuando sentimos enojo o miedo, entramos en un estado "fuera de control" porque nuestras emociones pueden anular la razón. Si una persona molesta se vuelve conciente de su enojo, entonces puede caer en cuenta de este y aún así no poder detenerse. Puede sentirse dividido en dos partes diferentes y sentir que su centro no se encuentra en su cuerpo. Incluso si alguien intenta calmarlo apelando a la razón, llevaría su tiempo.

La información que viene del viejo cerebro es más rápida a la acción que la del nuevo cerebro. Por ejemplo, es una respuesta automática del viejo cerebro el sentir pánico o ansiedad, justo como cuando pisamos el freno cuando alguien pasa inesperadamente frente a nuestro auto (emociones). Lleva algo de tiempo el calmarnos después de que la mala experiencia pasa (razón).

Ahora podemos entender la magnitud del proceso que sucede en nuestro cerebro que nos lleva a sentir una variedad de emociones como el amor, miedo, enojo, felicidad, odio, culpa, afecto, etc. ¿Cómo se crean estas emociones? ¿Cómo las experiencias difíciles vividas por una madre durante el embarazo son percibidas por el bebé? ¿Cómo puede afectar el resto de su vida?. El bebé, desde el momento de la concepción hasta casi los tres años, sólo experimenta y vive con el cerebro emocional. No puede entender racionalmente lo que siente su madre, o si se siente consternado por lo que está bien o mal. Si su madre vivió constantemente experiencias traumáticas, envió señales dolorosas al cerebro emocional, es más probable que viva con más ansiedad, depresión, miedo o enojo. Tu bebé pensará en esto como la forma de conectar con su madre y buscará tipos similares de experiencias difíciles, generalmente atrayendo estas situaciones a su vida adulta. Esto es una forma inconsciente de conectar con su madre.

Los sentimientos son importantes para el cerebro emocional y están profundamente arraigados en las ranuras internas de nuestra mente. Aunque se han hecho algunos descubrimientos interesantes, aún hay mucho que debe investigarse y entenderse. Todas las experiencias vividas durante el embarazo se vuelven la base de las respuestas emocionales en nuestra vida. Todas las enfermedades emocionales modernas, físicas, mentales o de naturaleza espiritual se originan como semillas en el vientre de la madre. Sorprendentemente, hay técnicas efectivas como la "Terapia psicológica profunda integral" desarrollada por Werner Meinhold que va más allá de diferentes métodos modernos y dentro del plano donde te vuelves consciente de estos procesos como un medio para tratar desórdenes psicológicos y mentales.

Nuestra mente está compuesta por diferentes etapas evolutivas del sistema nervioso central, incluyendo el cerebro emocional y racional. Sus propiedades probadas nos han llevado contínuamente en un viaje hacia su avance. Como proceso evolutivo, el cerebro humano continúa llenándose de nuevas capas sobre las antiguas; quién sabe, la siguiente etapa evolutiva del cerebro puede atestiguar un nuevo y mejorado cerebro formado sobre la actual corteza cerebral, abriendo camino hacia una forma de vivir superior.

En el fondo, lo ordinario no es ordinario;
Es extraordinario.
Martin Heidegger

Capítulo 3
¿Los Espermatozoides tienen Consciencia?

El esperma es la célula reproductiva en vértebras. El término se deriva de la palabra en latín *sperma* que significa semilla o semen, y de la palabra griega *sperma* que significa semilla de plantas y animales. ¿El esperma tiene consciencia? ¿Tiene pensamientos, sentimientos o emociones? ¿Cómo sabe a dónde viajar? ¿Cómo sabe dónde es su destino final? ¿Se siente feliz o triste? Hay muchas preguntas curiosas que surgen cuando comenzamos a reflexionar sobre la importancia del microscópico y frecuentemente olvidado espermatozoide.

Muchos años atrás, cuando estaba en sesión con una de mis clientes, ella comenzó a hacer preguntas sobre el esperma, los espermatozoides y otras palabras usadas durante la concepción y el embarazo. Le expliqué el significado de estas palabras; y ese fue el momento en el que decidí escribir un artículo o capítulo sobre este tema, explicaría las diferencias y daría información sobre el esperma. De ahí el por qué usé la palabra espermatozoide en el título de este capítulo en lugar de la palabra esperma. Inmediatamente después de esta idea, otra se me ocurrió, la cual me provocó reír: *"Gracias a Dios, el esperma no tiene que cambiar o recordar todos estos nombres o pronombres durante todo el proceso, de otra forma se habría confundido y acabado en otro lugar"*

Mi curiosidad acerca de la vida del esperma creció después de que viví esos momentos siendo conciente del esperma en mi propia vida mientras hacía terapia de vida. Este proceso terapéutico fue parte del entrenamiento que me llevó a obtener mi diploma especializado como practicante de Terapia Integral de Psicología Profunda bajo la guía experta de mi supervisor y amigo Dr. Jose Villalba, un psicólogo clínico. Aunque lo encuentro extremadamente interesante, no podía creerlo en ese momento. Pensaba en esto como parte de mi imaginación activa, sin embargo, la atención que puse a la consciencia de esta particular célula me sorprendió completamente. Durante estos momentos, podía "sentir" y "vivir" la información que llevaba como un niño aceptado; la sensación y percepción de ser feliz y estar satisfecho y moverme rápidamente entre muchos otros espermas, fue más allá de mi imaginación y razonamiento. Esos momentos de consciencia que viví como un esperma no pueden ser verificados ni definidos como hechos científicos actuales o como una investigación. Puede que sea capaz de describir las experiencias con palabras, pero vivir esos momentos desafía mi razonamiento intelectual y va más allá de mi imaginación.

Aunque sentí y viví estos momentos tan intensamente, comencé a dudar de mí mismo por muchos días después. Poco después, comencé a trabajar con mis clientes el vivir y describir momentos de consciencia de esperma. Fueron capaces de analizar y entender el impacto de esta experiencia en sus vidas. Esto me llevó a un punto donde fuí capaz de remplazar las dudas con fe.

Como la mayoría de mis clientes habían tenido encuentros similares, pude conectar con ellos en un nivel más profundo. Cada vez que un cliente describía su experiencia durante la sesión, fui capaz de conectar con lo que estaban describiendo y de ayudarles a resolver sentimientos y problemas alrededor de fecundaciones malignas. Me sorprendió como me era posible el sentir esas sensaciones, aunque eran experimentadas y sentidas por mis clientes. Más tarde, al hacer una demostración frente algunos estudiantes, me di cuenta de que la conexión que había tenido con mis clientes fue gracias a mi experiencia previa en mi proceso terapéutico, lo que me ayudó a revivir el estado físico-espiritual muchas veces más. Conectar con esas sensaciones aún me da un tipo de escalofrío espiritual.

Mientras hacía mi investigación, descubrí experiencias similares vividas por el Dr. Graham Farrent, un psiquiatra australiano, que contrario a su entrenamiento clínico, enfatizaba la Consciencia Celular y Concepción. Durante su visita a los Estados Unidos, me dió una entrevista donde compartió sus experiencias de consciencia antes de la concepción durante su primera sesión terapéutica. Pensé que era útil incluir esta información porque podía sustanciar la experiencia para mis queridos lectores y ayudarlos a desarrollar un mejor entendimiento sobre el tema.

Ahora, continuando con toda esta información, es tiempo de que entendamos y apreciemos un poco más acerca de esta pequeña semilla asombrosa que lleva la promesa de una gran vida.

La naturaleza mantiene su balance en todos los aspectos de la vida. Todas las cosas están hechas de células ya sea una planta, animal o humano. Aquellos que están formados de una sola célula se conocen como organismos unicelulares. Otros que están hechos de un número mayor de células se conocen como organismos multicelulares. Las células son tan pequeñas que son invisibles a simple vista; sólo pueden ser vistas a través de un microscopio. Cada célula en nuestro cuerpo está hecha de células previamente existentes. De acuerdo con investigadores, nuestro cuerpo se reemplaza con una nueva colección de células cada 7 a 10 años. Cada célula tiene el tamaño y la forma que necesita para realizar su trabajo asignado. Estas células combinadas juntas forman tejido como músculo, huesos, piel y órganos.

En el ciclo de vida celular, cada célula dá a luz a dos células hijas idénticas, un proceso conocido como *mitosis*. El propósito principal de la mitosis es el reproducir nuevas células para el crecimiento y para reparar tejido viejo o dañado en nuestro cuerpo. Esto es lo opuesto al proceso de reproducción sexual, conocido como *meiosis* donde una célula dá a luz a cuatro células hijas.

Cada célula humana contiene 23 pares de cromosomas. En términos simples, un cromosoma puede ser descrito como el núcleo de una célula viva, que lleva información genética en la forma de genes y transmite información hereditaria. El semen es una sustancia generativa del padre que lleva organismos unicelulares o una sola célula conocida como esperma. El semen es alcalino y no permite al esperma ser completamente móvil hasta que alcanza el tracto reproductivo femenino. Un esperma inmóvil se llama *espermatium* y el esperma móvil se llama *espermatozoide*, la célula reproductiva o gameto del hombre. Se combina con el gameto femenino conocido como óvulo para formar un cigoto, que marca el comienzo de una nueva vida. El proceso de formación del cigoto se llama "fecundación" o "concepción" donde los 23 cromosomas del padre se unen con los 23 cromosomas de la madre. Este es el momento donde el alma desciende en el cuerpo recién formado.

La etapa antes de la concepción se considera prenatal. El embrión es el desarrollo del embarazo desde el tiempo de la fecundación hasta las 8 semanas. Durante ocho semanas hasta el momento del nacimiento el embrión se desarrolla en un feto. El proceso de desarrollo en el útero desde la concepción hasta el nacimiento también es conocido como gestación.

Al usar lenguaje laico y no utilizar jerga científica innecesaria, espero haberte ayudado a entender el proceso de reproducción en su forma más simple, aunque esta información es muy accesible en cualquier lugar. ¿Acaso no es mejor leer esta información de una forma fácil de entender en un solo lugar?

Considerando todas las experiencias que vivimos en las diferentes etapas de nuestra vida, podemos decir que tenemos una memoria celular (esperma), memoria de óvulo, memoria de concepción, memoria de embrión, o memoria del feto, momentos antes y después del nacimiento. Conforme vivimos los momentos en nuestra vida, estas experiencias se vuelven una parte integral de nuestra memoria y de nuestra consciencia celular.

La comunidad científica de hoy en día se niega a aceptar la existencia de la consciencia celular. Incluso después de muchos años de investigación científica y recopilación de evidencia; los científicos se rehúsan a aceptar la posibilidad de verdades más profundas residiendo en un nivel celular. Se podría aceptar esto como la única verdad, o se podría tener una sesión donde se pudiera experimentar la vida como consciencia de esperma y después usar esta valiosa información para curar cualquier desorden o enfermedad actual que parezca ser resistente a tratamientos.

Sabemos que cada célula de nuestro cuerpo tiene consciencia. La célula es la unidad estructural y funcional básica de todos los organismos conocidos. Es la unidad de vida más pequeña clasificada con vida (excepto por los virus), y usualmente es llamada la base fundamental de la vida. Nuestras células regularmente se comunican las unas con las otras. Envían y reciben entre 10,000 y 120,000 mensajes, conocidos como biofotones, por segundo. Esta velocidad de comunicación es superior a la velocidad de la luz. Si una de las células hace algo diferente, entonces las otras células lo saben inmediatamente. Esto fue discutido más profundamente cuando Werner Meinhold descubrió que el cáncer podía formarse con la Consciencia Hipnótica Celular Regresiva.

La memoria celular es el plano completo de nuestra existencia. Cada momento vivido es guardado en nuestra memoria celular. Nuestras células tienen información completa de nosotros como un todo. Cada célula es influenciada por las experiencias que vivimos incluso antes de que la etapa del proceso prenatal o de concepción comience. Las experiencias que viven el esperma y el óvulo están almacenadas en nuestra consciencia celular, que puede ser accedida a través de la terapia de hipnosis integral de la psicología profunda desarrollada por Werner Meinhold. Esta técnica también ayuda a integrar la concepción maligna de experiencias pasadas a través de la consciencia celular y permite a la persona experimentar una vida saludable y con propósito.

Hasta ahora creíamos que el esperma penetraba el ovulo, que se volvía la representación simbólica del proceso de procreación. Ya que vivimos en un mundo de dualidad, no hay nada que pueda explicar este pensamiento unilateral. Para que exista un iniciador, debe existir un receptor, de otra forma nada es formado. Cuando el esperma alcanza el óvulo, el óvulo debe poder recibirlo, de otro modo la simbiosis no puede tener lugar. La energía espiritual de bienvenida es la misma que la energía espiritual que llega, y está completa y hermosamente balanceada. Ambos lados se ayudan entre sí, ambos son igualmente importantes, coexisten y se ayudan entre sí, como en ying y el yang, hombre y mujer. Sólo a través de este intercambio fluído, la gestación puede tener lugar. Muchos de mis clientes han descrito una variedad de experiencias. Algunos explican en su experiencia como esperma consciente que fueron escogidos entre muchos por el óvulo. Estas experiencias confirman que el óvulo no es tan pasivo como imaginamos. Tiene su propia sabiduría, su propia consciencia, sus propias experiencias y memorias. Esto es porque en ocasiones el esperma puede fecundar un óvulo, o en otras ocasiones el óvulo elige el esperma y después el espíritu entra completamente al proceso.

Antes de escribir este capítulo, descubrí la respuesta a muchas preguntas. ¿Todo el esperma se siente igual que el que es elegido? ¿El esperma especial se siente diferente a los demás y esto causa que sea aceptado por el óvulo? ¿El óvulo sabe que solo puede aceptar a un esperma y que debe dejar a los otros morir? ¿Cuáles son las características del óvulo que recibe más de un esperma? ¿Es posible que el óvulo esté dispuesto a aceptar a más de un esperma? ¿Qué pasa en los casos donde los padres intentan embarazarse, pero no tienen éxito? No he podido responder muchas de este tipo de preguntas, pero espero hacerlo algún día. O, tal vez alguno de ustedes esté dispuesto a compartir sus experiencias para entender más este tema.

Una cosa de la que estoy seguro es del hecho de que hay conexiones completamente energéticas y espirituales entre un óvulo y el esperma. La misma conexión existe en nuestra vida y nos conectamos los unos con los otros en casi cada segundo de nuestra vida. Es una noción difícil de comprender y de aceptar por el intelecto, pero la misma comunicación/conexión telepática inconsciente ha curado los traumas y desórdenes más malignos durante sesiones de terapia holística. Tengo testigos de este milagroso momento no solo en Canadá sino también en otras partes del mundo. Algo similar sucede durante la fecundación donde se ayudan y apoyan entre ellos para que el proceso natural de concepción se lleve a cabo. La ley de la naturaleza se repite en todas las formas de vida y es la misma en todas partes.

El esperma es una sola consciencia. Aunque el nivel de consciencia está más bien apagado, es conocedor de su propio nivel de consciencia, lo que es suficiente para hacer la tarea por la que fue creado. Sí, el espermatozoide tiene consciencia. Tiene consciencia de *Sí*. Está consciente de que existe, que está vivo y que tiene tiempo limitado. Puede sentir y tomar la decisión de continuar con su viaje o de morir. Sabe que debe llegar a un lugar. Puede sentir los millones de espermas corriendo a su alrededor. Está consciente de la carrera donde todos los espermatozoides corren para sobrevivir. Incluso puede detenerse y sentir lo que debe hacer. También lleva consigo sentimientos de un futuro padre. Si el padre tiene miedo, entonces lleva miedo. Tal vez, en ese momento, la pareja no estaba preparada para tener un bebé, o él bebé podría ser un hijo no deseado, o cualquier otro pensamiento que prevendría al bebé de nacer. Si el padre se siente feliz y la pareja tiene un fuerte deseo de tener un bebé, entonces el esperma se siente feliz y es bienvenido por el óvulo que puede transformar y trascender el estado de gestación en un nacimiento positivo y sano.

Trabajando con diferentes clientes, me he encontrado con experiencias diferentes y únicas. Recuerdo uno de mis clientes que sintió la consciencia de que su padre tenía un gran deseo de tener un hijo, pero su madre no lo tenía porque quería separarse. Su padre había dejado a su madre intencionalmente embarazada para que se quedara con él. Aunque su padre había querido un bebé, fue un bebé no deseado para su madre. Sentía la resistencia de su madre hacia su padre, lo que consecuentemente resultó en experiencias como adulto donde presentó el mismo tipo de resistencia, enojo y sentimientos de rechazo hacia el sexo opuesto. Esto se da especialmente en casos de hombres que quieren ser parte de su vida.

El esperma no solo tiene conciencia física, sino que también tiene conciencia espiritual. Es capaz de sentirse bien o mal. Parece tener sentimientos fuertes, y está "programado" para saber que tiene un destino, que puede o no ser alcanzable pero que parece inmaterial. Lo que es crítico para el esperma es el participar completamente en la experiencia y cumplir su propósito de vida.

"Los expertos creen que este proceso puede ser la forma en que la naturaleza permite que sólo los espermatozoides más saludables fertilicen el óvulo, lo que brinda las mejores oportunidades de producir un bebé saludable".

No coincido con esta declaración. Cada bebé que nace está sano y también todo bebé que no nace. Ya sea que el bebé nazca o no con problemas de salud, hayan nacido o si no fueron capaces de completar el proceso de gestación, cada bebé siempre es saludable. Aunque deseo que todos los bebés nazcan sanos, pero juzgarlos significaría no amarlos. Cuando comenzamos a ver o recibir la vida como un todo, entonces todo comienza a tener sentido. Podemos elegir ir más allá de la razón y "sentir" la vida. Comenzamos a tener conciencia de nosotros, prestamos atención a otros y a nuestros alrededores mientras desarrollamos la conciencia de Dios. Entendemos el propósito de nuestras acciones y de todo lo que pasa en cada momento de nuestras vidas. Es como completar un rompecabezas, y verlo como una imagen completa que claramente emerge y nos entrega un mensaje.

El libro del Dr. Bruce Lipton *La Biología de la Vida* da más atención a la consciencia celular. De acuerdo con su libro, todo es parte de una comunidad cooperativa de aproximadamente cincuenta trillones de ciudadanos de una célula. Tal como es representada una nación por las características de sus ciudadanos, nuestra humanidad se refleja en la naturaleza básica de nuestras comunidades celulares.

Aunque individuales, cada una ha desarrollado una conciencia a través de la cual comparten la voluntad de sobrevivir en el aquí y ahora (tiempo) y en el espacio. Trabajan juntas para cumplir sus funciones diarias en su estado de conciencia de sí. Incluso si una célula o un grupo de células no está asegurando su propia supervivencia o la supervivencia comunal, las otras células tendrán el conocimiento de ese hecho. De acuerdo con Meinhold, cuando las células dejan de vivir su vigilia presente de "aquí y ahora" y vuelven en el tiempo a su estado hipnótico arcaico, comienzan a producir el mismo grupo de células que teníamos desde la creación del Sistema Nervioso Central. Esta regresión de las células a su consciencia arcaica se conoce hoy en día como "cáncer". Si las llevamos de ese estado de consciencia arcaica a una vigilia presente, entonces el cáncer puede ser desintegrado y esas células pueden volver a sus tareas naturales y seguir asegurando la supervivencia mutua al vivir una vida armoniosa y balanceada.

La base del comportamiento de todas estas células reside en la información llevada por la madre y por el padre. ¿Puede la información del ADN ser cambiada? En mi experiencia, he visto células desbalanceadas transformarse en células saludables cuando el objetivo de la enfermedad es entendido. Cada enfermedad es un camino hacia la salud. El sufrimiento no es más que una oportunidad de crecimiento. Si quitas el sufrimiento, entonces esa oportunidad de crecimiento te es negada.

Cada célula canta y comparte una melodía de vida llevándonos un mensaje a través de expresiones saludables o no en nuestro cuerpo. Las soluciones son creadas antes del problema y los problemas son un camino a las soluciones. Los problemas nos ayudan a crecer. La autoconciencia da información a nuestras células y a otros órganos del cuerpo que juegan un rol esencial para determinar la enfermedad o el bienestar. El propósito de la vida se vuelve más grande, amplio y diferente cada vez que nos movemos hacia el siguiente paso de consciencia.

Un bebé se forma con la célula de una madre y la de un padre. La ausencia de cualquiera no resultará en la creación de vida. Quizá en un futuro cercano esto sea una posibilidad, pero en el presente, no hay evidencia o capacidad de la creación de una vida humana sin un padre o una madre. Esta es la base de nuestra vida entonces se vuelve la responsabilidad de cada uno de nosotros el integrar esta esencia de dualidad en nuestra vida diaria. Por lo tanto, el propósito de la vida se vuelve más simple como la vida misma, y esta también es la base de una vida saludable o no saludable. Mientras más simple la vida, más saludables nos volvemos y viviremos.

El Propósito de la Vida

El propósito de la vida cambia de acuerdo con la conciencia que tenemos. Cuando nos sumergimos en la consciencia de esperma, nuestro único propósito es llegar a nuestro destino y unirnos. Así mismo, el propósito de la vida cambia casi cada vez que pasamos a otro nivel de consciencia – un óvulo, gestación, feto, bebé, niño, adolescente, adulto y vida adulta. Todas estas etapas de la vida se fragmentan en procesos más pequeños y diferentes que comienzan y terminan en menos de una fracción de cada segundo.

Cada nuevo proceso es un nuevo estado de consciencia, y esto es lo que determina el propósito de vida para ese momento preciso. Por ejemplo, el propósito de vida para una persona que está muriendo sería recuperarse. El propósito de vida para cada hombre soltero puede ser el casarse y tener hijos; esto continúa en diferentes formas y direcciones.

Así que, puedes ver, el propósito de vida no puede ser determinado o interpretado desde un punto de vista limitado. Vivimos en una sociedad, y como resultado, nuestro propósito es determinado por las reglas y regulaciones de la sociedad. No podemos determinar libremente el propósito de nuestra vida en un sentido amplio porque es tan dinámico y cambiante basado en cómo cambian las necesidades en el momento.

Para averiguar el propósito de la vida, estamos dispuestos a gastar una gran cantidad de dinero en cursos costosos impartidos por profesionales que simplemente nos llenan de información que ya sabemos. O, nos promueven su propia visión de la vida basado en el criterio de la sociedad, realidad condicionada y medias dualidades, y esperan que encontremos el elixir de la felicidad dentro de ellos.

No puedes amar a otros o a ti mismo en partes. No puedes decir que amas tu brazo derecho, pero no tu pierna izquierda. Puedes optar por decirlo, pero esto definitivamente tendría consecuencias graves en tu salud, y parte de tu cuerpo perdería el balance y no sería saludable. Las preguntas correctas generan respuestas correctas. No podemos vivir una vida basada en definiciones limitadas. No podemos adoptar un enfoque analítico para definir o describir la búsqueda que emprendemos para encontrar el propósito de nuestra vida. Hacer esto nos haría perder las alegrías y tristezas de vivir en el momento presente; una vez más, se pierde para siempre. Nuestras células guardan información que es generalmente heredada a nuestros hijos y a futuras generaciones. Solo tú tienes el poder de cambiarlo. La decisión es tuya.

El Misterio del "Especial"

Muchos de ustedes no están de acuerdo con la idea de la consciencia del esperma y tal vez incluso creará mucha controversia. Aun así, es importante para mí el compartir esta información ya que puede abrir puertas a nuevos descubrimientos. Terminé este capítulo hace algunos meses, pero recientemente, en mi propia experiencia práctica, descubrí que el esperma que fecunda el óvulo no es uno aleatorio que llega exitosamente y fecunda el óvulo. De hecho, sólo hay un único esperma con la cantidad necesaria de información y capacidad para entrar al óvulo y fecundarlo. Lo llamaré "el especial" en lugar de el elegido. Los otros espermas son ingenuos y simplemente se mueven como compañeros, pero no poseen la misma capacidad o la información para fecundar al óvulo. Esto significa que su propósito no es fecundar el óvulo sino solo ser parte del proceso natural de producción de esperma.

Puede haber más de un esperma que pueda fecundar al óvulo, y cuando esto ocurre usualmente resulta en gemelos o múltiples partos. Sin embargo, todo el esperma está consciente de la presencia de otros espermas que llevan la misma información que ellos. También pueden "sentir" si otro esperma especial puede exitosamente alcanzar al óvulo para resultar en un bebé o en ninguno. Este especial, con la conciencia y capacidad de fertilizar al óvulo puede percibir la presencia de otro esperma similar, así como de los ordinarios. El especial también es guiado en su viaje por una fuerza espectacular pero invisible. No tengo un nombre para ella ni puedo proveer una interpretación concreta ya que está más allá de cualquier percepción sensorial.

Considerando la descripción anterior podríamos decir cuándo es momento de formar un bebé, el cuerpo crea ese esperma especial o espermas que fecundarán al óvulo y dará paso a que una nueva vida exista. No hay tal cosa como "el elegido" porque todos los otros espermas solo son un tipo de animadores y realmente no están en el juego. Percibo esto como un patrón simultáneo durante la concepción, que llamaré el *Patrón Triangular.* (por ejemplo, el esperma y el óvulo se juntan y simultáneamente un alma/espíritu entra). El cuerpo, en su inteligencia superior, crea un esperma, el óvulo espera a que llegue, el esperma especial fertiliza el óvulo y el alma desciende. Hay una conexión telepática entre los tres. Para estar en un estado natural de balance, armonía y comunicación, la sabiduría reside en nuestro cuerpo y es hermosamente revelada durante el proceso reproductivo.

Ahora sabemos que el sentimiento de telepatía trabaja más allá del tiempo y límites. ¿Esto significa que la naturaleza es lo suficientemente inteligente para crear un esperma especial o espermas y salvarlos de una futura fecundación en caso de que el esperma sea donado o cuando la inseminación artificial es usada?

Si todo esto es incorrecto entonces sería ridículo el decir que el alma desciende cada vez que hay una posible concepción, o incluso durante la copulación, pero si el esperma falla en alcanzar el óvulo, entonces el alma se siente decepcionada y regresa el alma al mundo para esperar la siguiente oportunidad de volver. Entonces, como consecuencia, debemos llegar a la conclusión de que *toda condición para la concepción debe estar perfectamente alineada* para que la trifecta esperma-óvulo-alma pueda tener lugar.

El Esperma Consiente

Aunque en este momento mi libro ha sido publicado en India y muchas copias ya han sido vendidas, me tome el tiempo de que estuviera disponible en Canadá, Estados Unidos, y otras partes del mundo. Tal vez inconscientemente estaba esperando que mi curiosidad sobre la conciencia del esperma para estar completamente satisfecho o tal vez era algo más; cualquiera que sea el caso, al menos, estoy feliz de haber recibido una respuesta completa a mis preguntas en lo que concierne a la inseminación artificial ya que esto antes no tenía respuesta.

Mi oficina resulta estar frente a un lugar donde se realizan inseminaciones artificiales. Sorpresivamente, mientras trabajo con algunos clientes que han pasado por este proceso, mi deseo por encontrar respuestas se volvió aún más intenso.

> *"Si el especial es creado en ese momento por el cuerpo cuando el tiempo llega, ¿entonces que pasa cuando el esperma es donado o se usa la inseminación artificial? Y, si ya hay un gran número de esperma en el cuerpo ¿entonces cómo puede el especial crearse para fecundar el óvulo?"*

Me complace compartir que descubrí la respuesta a mi pregunta, y estoy muy agradecido de haberme encontrado en circunstancias en las que pude completa y lógicamente comprender el proceso del nacimiento con consciencia de esperma. Estoy seguro de que después de leer mis descubrimientos, estarás igualmente asombrado de cómo la naturaleza hace milagros con ningún margen de error.

Para responder esto, primero que nada, me gustaría cambiar el nombre de "El Especial" a "El Consciente". Puede haber más de un esperma consciente lo que puede resultar en múltiples nacimientos. El secreto está en el momento en el que el esperma gana consciencia con la llegada del alma (espíritu) para el nacimiento. Ésta es el alma que transfiere la consciencia al esperma o espermas y espera a que el esperma llegue al óvulo. Esto significa que si el alma no llega para el nacimiento entonces no habrá concepción o embarazo y esto es porque (además de otras razones descritas en este libro) muchos padres no pueden tener bebés con métodos naturales o incluso con inseminación artificial. Lo que esto implica es el hecho de que la presencia del alma es el primer y más crítico paso en comenzar el proceso del embarazo. ¿Esto significa que para tener un bebé no solo debemos estar conscientes del aspecto físico, sino también del aspecto espiritual del embarazo? Y, ¿tal vez el aspecto espiritual es más importante que el físico?

Me da escalofríos el escribir que mi investigación me llevó a creer que, si el alma es la que domina el proceso desde la concepción hasta el nacimiento, entonces el alma altamente consciente puede posiblemente sobrepasar el proceso natural de los padres haciendo el amor (lo que involucra el proceso esencial del esperma del padre llegando a fertilizar el óvulo de la madre). Entonces, ¿podría esto resultar en el nacimiento de un maestro elevado cuyo propósito es guiar a la humanidad en un camino hacia la iluminación y conocer el ser superior?

Nada tiene sentido y todo tiene sentido.
Tú decides.
Atul Mehra

Capítulo 4
Los Dieciocho Sentidos

La mayoría de nosotros está intrigado y confundido cuando escuchamos acerca de los dieciocho sentidos. ¿Te sorprendería saber que los usamos consciente o inconscientemente en nuestro día a día? Para entender y emerger de estos procesos escondidos que controlan nuestra vida, debemos primero reconocer que estos sentidos juegan un papel muy importante en ella. Entenderlos me ha ayudado a comenzar a vivir una vida más pacífica y balanceada. Estoy segura de que esta información cambiará tu vida de una forma u otra.

Todos sabemos acerca de los 5 sentidos físicos. Rudolph Steiner explico siete sentidos adicionales en un esfuerzo para ayudarnos a entender la vida más a fondo. Mis experiencias de vida y la de mis clientes me han ayudado a descubrir estos cinco sentidos naturales pero ocultos. Son: el sentido de sentir, el sentido de consciencia, el sentido de conexión, el sentido de propósito, y el sentido de transformación. Intento escribir su simbolismo en un nivel diferente pero los procesos vividos por el esperma son los mismos vividos por cualquier otra persona durante su vida, lo que realmente lo hace muy interesante y provocativo.

El Sentido de la Sensación

La palabra sentir tiene tantos significados que se vuelve muy difícil el justificar su verdadero significado. Los sentimientos pueden referirse a emociones o sensaciones experimentadas por los cinco sentidos, o a estar en un estado particular como resultado de una emoción o un sentimiento físico. De hecho, el sentido de la sensación no puede ser descrito con palabras ni ser racionalizado. Solo podemos experimentarlo en este estado. Cuando te sientes a ti mismo, vuelves a la vida. Las personas crean dolor para sentirse vivas.

Los sentimientos son el primer sentido natural en todas las cosas con vida. Sabemos que los animales pueden reconocer la diferencia entre un enemigo y un amigo y reaccionan acorde, por ejemplo, con la reacción de pelea o huida o con pura curiosidad. Los dueños de mascotas pueden haber atestiguado estos sentimientos en sus mascotas.

Sorpresivamente las plantas también pueden sentir. Nuevas investigaciones en el campo llamado neurobiología de las plantas – lo cual es un nombre inapropiado, porque incluso los científicos en el campo no argumentan que las plantas tienen neuronas y cerebros. Michael Pollan, autor de libros como *El Dilema de los Omnívoros* y *La Botánica del Deseo* explica: "Tienen estructuras análogas. Tienen formas de tomar toda la información sensorial que han recopilado en su día a día… integrarla y después comportarse de forma apropiada como respuesta. Y lo hacen sin cerebro, lo cual, de cierto modo, es lo que es increíble de esto, porque automáticamente asumimos que necesitas un cerebro para procesar información". Pollan razona que las plantas tienen los mismos sentidos que los humanos. Además de escuchar, degustar, por ejemplo, pueden sentir la gravedad, la presencia de agua, o incluso sentir una obstrucción en sus raíces, antes de entrar en contacto con ellas. Las raíces de las plantas cambian de dirección, él dice, para evitar los obstáculos. (http://www.pri.org/stories/2014-01-09/new-research-plant-intelligence-may-forever-change-how-you-think-aboutplants).

Debemos aceptar el hecho de que a pesar de que sabemos mucho acerca de la naturaleza en general, esta increíble información marca el comienzo de un nuevo conocimiento. De forma similar, estoy seguro de que nuevos hechos saldrán a la luz con respecto a la vida intrauterina y el embarazo que nos sorprenderán aún más. Estoy seguro de que algunos de estos ya los he compartido contigo.

La primera sensación de vida sentida por el esperma es con el sentido de la sensación. Se siente a sí mismo y después existe. El sentido de la sensación es el fundamento de la vida. Este sentimiento determina por lo que estamos pasando en la vida. Si nos sentimos bien entonces vivimos pacíficamente; sin embargo, si sentimos agitación en nuestra vida, entonces definitivamente necesitamos aprender la lección para encaminarnos a una vida pacífica. El sentir es el origen de nuestras acciones futuras. El sentido de la sensación es una respuesta natural y automática a lo que se está viviendo en ese preciso momento.

El sentido de la sensación es el más importante de los sentidos porque es la base de los demás sentidos; en otras palabras, este es el primer sentido con el que nacemos. Si no puedo sentirme entonces significa que estoy muerto. El esperma se siente a sí mismo, el óvulo se siente a sí mismo y el alma se siente a sí misma, y en el período de la gestación, la experiencia del trío (ejemplo: esperma, óvulo y espíritu o alma) también es la primera experiencia que crea a un ser humano completo. El esperma se siente a sí mismo así que existe y desarrolla un sentido de consciencia en sí mismo. Su consciencia lo ayuda a desarrollar un sentido de conexión con sus alrededores y encuentra que su sentido de propósito de estar ahí es para "llegar a un lugar", y esto se vuelve su sentido de transformación. Cada uno de los cinco sentidos básicos atraviesa procesos contínuos que se repiten desde el principio hasta el final de la vida. El mismo proceso es vivido por el óvulo y el alma. Aunque este es un "proceso limitado, de corta duración" vivido por el esperma, es, sin embargo, un proceso completo para que el proceso del esperma termine.

El Sentido de Consciencia

Aunque la palabra consciencia es considerada lo mismo que concientización, aunque yo considero que hay una diferencia entre las dos. La consciencia es una familiaridad con un estado o de que algo existe en un momento particular. También puede ser el entender una situación basada en un sentimiento del momento. La concientización, por otro lado, es la vigilancia o el tener consciencia de la totalidad de todo. La consciencia pueden ser pequeños fragmentos de concientización que nos llevan a experimentar una totalidad. La consciencia es el segundo caso del reconocimiento o la percepción de "sí" de un esperma después de sentirse. El sentido de consciencia lo lleva a una experiencia de otros sentidos, que también son parte del sentido de concientización. En relación con esto, la vida consciente puede ser la suma de todos los sentidos experimentados conduciendo a un estado constante de consciencia, pensando y sabiendo lo que pasa a tu alrededor en todo momento. Esto lleva a expandir contínuamente la conciencia de vivir aquí y ahora más allá de los cinco sentidos físicos. Esta es la experiencia de los sentidos de telepatía concentrándose hacia la consciencia. Experimentar estos momentos son niveles más altos de meditación del ser espiritual.

El Sentido de Conexión

El sentido de conexión es uno de los sentidos más importantes. Es el estado de estar relacionado con alguien o algo más. Nos acerca a algo o alguien. Estar juntos o estar conectados también es parte de amar a alguien o algo. Todos nosotros estaríamos aislados si no tuviéramos este sentido de conexión. El sentido de conexión también es una forma de comunicación. Esta comunicación puede ser entre humanos, humano con animal, humano con plantas, humano con cosas no vivas o viceversa. Nada en este mundo funcionaria sin conexiones.

Todos están conectados con todos; este es el punto de la creación. Sin importar si amas u odias a alguien, el sentido de conexión siempre está presente y trabajando.

¿Cómo te sientes cuando no te sientes conectado con alguien, pero aun así estas conectado de cierto modo?

El sentido de conexión ayuda al esperma a vincularse con sus alredededores. Su conexión crea un ciclo de acción para el cual ha sido creado. Aceptando ayuda de su sentido de conexión, aumenta su consciencia de esos momentos para empezar una acción. Esta en una situación donde él y sus alredededores tienen el mismo origen y meta. Se prepara para la causa para poder cumplir su propósito. ¿Qué pasaría si el esperma o alguno de nosotros pierde su sentido interno de conexión?

El Sentido de Propósito

El sentido de propósito está conectado a la acción. El esperma identifica su propósito después de conectar con su ambiente. Ahora sabe que está destinado a algún lugar y su viaje ha comenzado. Comienza a moverse con otros millones de espermas, ya que esto es lo que está programado para hacer. Aunque puede estar cargando sentimientos de miedo o felicidad transferidos del padre, él continúa moviéndose hacia su propósito contra toda probabilidad.

El propósito de la vida es uno de los sentidos más importantes que las personas buscan en su vida. La mayoría de nosotros intenta llevar el vacío basado en nuestras experiencias en el vientre de nuestra madre o durante nuestra infancia temprana, y lo confundimos con nuestro propósito de vida. El sentido de propósito lleva consigo una necesidad básica de aceptación por otros sin importar que hagas en la vida.

¿Cuál es exactamente tu propósito en la vida? ¿Es convertirte en ingeniero, doctor, político, atleta o un hombre de negocios millonario? Puede ser cualquier cosa, pero siempre hay un deseo escondido por obtener reconocimiento de otros. Es más probable que sientas que nada te llena en la vida, aunque tengas todo lo que has deseado. Siempre habrá algo que te falte tarde o temprano. Nada es perfecto y al mismo tiempo todo lo es. El entendimiento del ser o la autoconsciencia es el verdadero propósito de la vida. Todo en la vida no es más que experiencias. Eres la suma de tus experiencias de vida. Tus experiencias y tus alrededores crean tu propósito en la vida y todas tus experiencias sirven a tu propósito. Sin embargo, una vez que te das cuenta de tu propósito, puede crear un vacío dentro de ti, y la pregunta que surge es: "¿ahora qué?"

El sentido de propósito nos guía hacia nosotros mismos, a nuestro ser interno. En el momento en que nos encontramos, la búsqueda se detiene y todo en la vida comienza a tener sentido. Muchas cosas en nuestra vida simplemente no tienen sentido y esto es porque no estamos listos para entenderlas. Mientras más te alejes o pierdas conexión con tu yo interno, es más probable que experimentes lecciones duras; sin embargo, esto es parte del crecimiento holístico. Hay un dicho en

India que resume esta experiencia de forma concisa: "El ave vuela muy alto, pero siempre vuelve a su nido". Puedes volar lejos de ti, pero un día tendrás que volver a ti mismo para experimentar tu propósito de reconocer y aceptar quién eres realmente.

El Sentido de Transformación

Ahora hablando del sentido de transformación, hago referencia a la experiencia cuando un esperma se rinde o transforma su vida para una ganancia espiritual y física mayor. Esto es conocido como gestación, pero de hecho es una celebración – una celebración espiritual de su propio tipo. Se ha transformado en algo más grande. Es igual que cuando una oruga se convierte en mariposa. No sabe lo que pasará cuando llegue a su destino, pero confía en el proceso. Confía en la información que tiene consigo con la ayuda de su sentido de la vida o de transformación que completa su ciclo de vida.

Estamos vinculados al tiempo y al espacio. La condición del aquí y del ahora lleva un entendimiento básico de donde hay un comienzo, debe haber un final. Si aceptamos la vida, entonces debemos aceptar la muerte. La muerte es la continuación de la vida o una transformación. El sentido de transformación nos ayuda a pasar las diferentes experiencias y etapas. Todas las emociones y relaciones son caminos para entender la vida. La vida no quiere pelear con nosotros. No nos dice si vivimos triste o alegremente. Si pregunto a la vida, ¿Qué debo hacer? Estoy seguro de que la vida diría "sólo vive". Así que vive la vida que quieres y vive conscientemente. Tienes completa libertad y la decisión entre felicidad o tristeza. Llora cuando ames y siéntete feliz cuando compartas amor. La libertad de moverte libremente entre los dos polos es la vida.

Aunque hayamos llegado solos al mundo, vivimos solos, y debemos irnos solos, siempre hay alguien que nos acompaña desde el nacimiento hasta la transformación y eso es el *ser* o el *yo*. Aprender a estar conmigo primero y con mi propia compañía es vivir la vida.

Los cinco sentidos básicos funcionan en cada proceso de la vida. Sólo imagina si te sientes triste porque alguien te lastimó y cuando conectas con él o ella, comienzas a pelear o formas parte de una pelea. Ahora tu propósito puede ser hacer a esa persona sentir mal. Al hacerlo, estás transformando o teniendo una experiencia de vida negativa. Puedes cambiar tu vida fácilmente si comienzas a observarte usando tus sentidos básicos. Verás todos los cinco sentidos básicos operando en todas las áreas de tu vida porque fuiste formado en las bases de estos sentidos.

El Sentido del Tacto

El bebé comienza a conectar con la madre alrededor de los 28 días después de la gestación y la primera conexión con su madre es a través del sentido del tacto. El necesita sentir a su madre y al mismo tiempo quiere que su madre lo sienta. Meinhold dice, "estar en el vientre de la madre le ayuda a reconocer que está fuera de esencia y ahora está en existencia y sólo puede sentir cuando su madre lo siente".

Aunque los receptores del tacto se forman a los 28 días después de la gestación, el proceso del tacto pasa mucho antes de esto. Ese es el momento cuando el esperma y el óvulo se encuentran, y el espíritu desciende para formar un bebé. Este es el contacto con la madre. Está fuera del nirvana y en una existencia física. Sólo puede sentirse "en" existencia si su madre también se siente así. El desarrollo saludable más importante en esta fase es "siento que mi madre me siente". Casi cada cliente, después de escuchar esta etapa cronológica de su vida, se siente feliz cuando su madre declara que está embarazada y en ese preciso momento la vida comienza. El sentido del tacto nos dá una justificación de que somos aceptados y reconocidos. Desde tiempos antiguos, varios grupos culturales tenían diferentes ceremonias para celebrar el nacimiento de un niño. Mientras es importante tener un nacimiento bilógico es igualmente importante reafirmar la existencia del bebé. Esta comunicación es requerida desde el principio.

El sentido del tacto es un sentido interno de mis límites y el comienzo o conexión con el mundo fuera de mí. El tacto también es comunicación. La madre toca su estómago durante el embarazo para acaricia al bebé y el siente el amor y aceptación de su madre al mismo tiempo que se transmite la sensación de calma y meditación pacífica.

El sentido del tacto no sólo aplica al proceso de tocar, sino también al sentir que algo opuesto a mí existe y verifica que yo existo. Todos nuestros sentidos trabajan con lo opuesto. La ausencia de lo opuesto es la ausencia de reconocimiento. La presencia de opuestos o dualidad es vivida a través de nuestras vidas. ¿Alguna vez has considerado que lo opuesto genera un balance en tu vida? No están en competencia entre sí. Coexisten y crean juntos eventos como el día y la noche, la vida y la muerte, la juventud y la vejez, lo bueno y lo malo, entre otras cosas.

El niño confirma que la madre está embarazada y la madre confirma al bebé que existe. El balance recíproco crea la posibilidad de coexistencia y creación conjunta. Si la madre tiene miedo o está ansiosa por su embarazo, él bebé no se sentirá aceptado y él o ella pasará toda su vida en una búsqueda por ser aceptado. Los desórdenes como la bulimia, cortar su cuerpo o el déficit de atención (ADD/ADHD) se desarrollan en una persona en un esfuerzo por "sentirse". Cualquiera que sea la forma del desorden, debemos descubrir el simbolismo cubierto detrás de éste.

El Sentido de Calidez

El sentido de calidez contiene dos significados: 1) la experiencia física de las temperaturas fría y caliente y, 2) la calidez o frío del alma humana. La sensación de calidez es un sentido muy importante que nos acompaña en cada momento de nuestra vida. Todos sienten la sensación física de temperaturas frías y calientes. Pero cuando se trata de calor humano, va más allá de lo físico hacia lo más profundo del espíritu. No sólo los humanos se ven afectados por las vibraciones del calor, sino también las plantas y los animales. Ha habido bastantes investigaciones conducidas acerca de esto y las conclusiones a las que se llega acerca de la presencia de energía no física que se mueve entre polos opuestos.

El sentido de calidez está conectado al sentido del tacto. Un bebé generalmente lo siente alrededor de los doce días de vida intrauterina.

Este es el segundo comienzo después del contacto. En un sentido biológico, cuando la sangre de la madre toca el cuerpo del bebé por primera vez, se desarrolla la sensación de calidez. La sangre no es solo el espeso y rojo líquido que conocemos, sino que también tiene un significado espiritual muy profundo, como la sangre de Cristo. Es el momento de la unión – yoga - de anidación en el vientre materno. El color rojo también representa el amor y la pasión, por lo que, en otras palabras, el sentido de calidez también se puede considerar como una sensación de amor que está en el corazón de la creación. Es la unificación del bebé y la madre. Esta es la consciencia de los mamíferos que surgió de la evolución de nuestro sistema nervioso central. Esta es la primera vez en la historia evolutiva que el amor hacia el niño existe. Esta sensación de calidez sólo puede ser sentida cuando estás en un cuerpo físico. El calor también es una medida de defensa para la fiebre. La temperatura alta que se experimenta durante una fiebre es la única forma en la que podemos combatir células de virus y destruirlas.

En mi experiencia, el sentido de calidez comienza mucho antes de que el bebé es formado. Está conectado al sentimiento de amar y ser amado. Esta es la experiencia de la aceptación. Primero, mi madre me reconoce y después me acepta (calidez). Esta calidez es el punto de origen para mantener mi esencia (ser). Tener un sentido de calidez me da constante inspiración para vivir como un individuo y en unión con otros.

He tenido clientes que nunca pudieron sentir la calidez de su madre. En su mayoría eran aquellos que fueron niños no deseados o tuvieron problemas en su infancia, y muchos describen el comportamiento de su madre hacia ellos como frío. En esos casos, las posibilidades de tener un parto prematuro eran mucho mayores que en otros casos. Después de pasar por debajo de la fría máscara, pudieron comprender y conectar la calidez esencial de la vida. Algunos de ellos se quejaban de tener piernas frías o una circulación de sangre baja en sus piernas.

De nuevo, la pregunta se mantiene: ¿Qué es exactamente el sentido de calidez? En mi experiencia el sentido de calidez comienza incluso antes de que el bebé sea formado. Sentir calidez es el estado o la sensación de sentirse abrigado. La calidez radiante del sol, la calidez genuina de una sonrisa, un corazón tierno y cálido, una cálida bienvenida cordial y un abrazo grande y cálido desencadenan un conjunto de emociones donde nos sentimos bien y aceptados. La palabra calidez puede desencadenar tantos sentimientos que incluyen amistad, amabilidad, gentileza, cordialidad, bondad, etc. Todas esas sensaciones pueden ser vividas con la mera mención de la palabra calidez. ¿Puede calidez ser sinónimo de amor?

El sentido de calidez comienza a ejercer influencia incluso antes de que el bebé es concebido. Hay diferentes situaciones y escenarios con respecto a esto, pero en este caso asumiremos que los padres biológicos se harán cargo de su hijo o hija. Tomando esto en cuenta, es importante que sientan una sensación de calidez y amor entre ellos. De acuerdo con la regla general, si mamá y papá se aman profundamente, entonces el bebé se formará con completa calidez y amor. Si los padres tienen dudas, temores o sienten que el embarazo fue un error, entonces esta información se transmite y crea posibilidades para una fría bienvenida al mundo para el bebé. Mi recomendación basada en mi experiencia es que los padres trabajen en la definición de la palabra *calidez* en sus vidas y también todos aquellos que no sienten calidez durante el embarazo.

El Sentido del Equilibrio

El sentido del equilibrio es uno de los sentidos más importantes en la vida. Necesitamos equilibrio para todo. Todas las cosas están en equilibrio y debemos mantener ese equilibrio entre las polaridades. Todo lo que se mueve tiene un punto central fijo (también conocido como eje). Aunque ese punto fijo no se mueve, sirve como punto de referencia. Si no puedo sentir mi centro entonces no tengo un punto de referencia y tendré muchas dificultades para recibir e interpretar el mundo.

¿Alguna vez te has preguntado cuál es el centro de nuestro cuerpo? La mayoría de las personas apuntarían a su ombligo; sin embargo, si usaras una cinta métrica, descubrirías que está más o menos ubicado en nuestros genitales. En las técnicas de meditación tradicionales de la India, se lo conoce como el chakra raíz y nos conecta con la madre

Tierra. Hay muchos otros simbolismos relacionados con esa zona de nuestro cuerpo. El centro de nuestro cuerpo también se refiere a nuestra existencia y está conectado con nuestro sentido de equilibrio.

El sentido del equilibrio es desarrollado por el bebé cada vez que su madre se mueve o camina. El sentido del equilibrio nos ayuda a encontrar nuestro centro y ese debemos encontrarlo dentro de nosotros. Si mi centro no está en mí, significa que está fuera de mí. Entonces alguien o algo más tiene que llenar ese vacío para que yo me sienta completo. Los pequeños movimientos pacíficos durante la infancia pueden crear una sensación de equilibrio, pero los movimientos fuertes pueden provocar una sensación de desequilibrio o posibles traumas más adelante en la vida. He trabajado con muchos clientes que sienten una ansiedad profunda como adultos porque su madre cayó, tuvo un accidente o sufrió abuso físico por su marido en el momento del embarazo.

Debemos reconocer la importancia del equilibrio durante el desarrollo intrauterino. Necesitamos sentir que el comienzo de nuestro centro es el ombligo, pero cambia más tarde cuando nuestras piernas crecen, simbolizando la libertad, y el centro cambia de ubicación a los genitales. En el útero, el bebé se comunica con su madre a través del cordón umbilical conectado en el ombligo, pero luego la comunicación en la vida adulta se transforma en sexualidad. Muchas comunicaciones, sin embargo, no se dan solo a través de las relaciones sexuales. Después del nacimiento, el niño es balanceado en su cuna, que se vuelve el sustituto del vientre y continúa desarrollando el sentido de equilibrio dentro del bebé.

Todo en nuestro universo está en un estado de equilibrio. Todo se apoya entre sí para crear un balance natural. Todo desde el inhalar y exhalar hasta los planetas mantiene un balance. En la vida, no sentimos felicidad o tristeza pura, sino una combinación de ambas. Cuando sentimos dolor lloramos o nos sentimos heridos, pero no permanecemos sufriendo por el resto de nuestras vidas. Algún tiempo después, volvemos a sentir felicidad y cuando somos felices, nos reímos. Eso es lo que nos hace humanos. Encontrar ese equilibrio entre dos polaridades opuestas es fundamental: desearía volar como un ave, pero el miedo hace que no salte del techo de un edificio, por eso sigo vivo. Después, me siento tan inspirado por mi deseo de volar como un ave que reúno el valor y la creatividad para construir un avión para volar por el cielo. Por ende, el crecimiento viene de las extremidades, no del centro.

El equilibrio es necesario en cada momento de nuestras vidas. Por lo tanto, a las mujeres embarazadas se les recomienda ampliamente mantenerse en movimiento en su rutina diaria. Caminar, hacer yoga, ejercicios prenatales bajo supervisión de profesionales de la salud son muy útiles para que el bebé desarrolle un sentido de equilibrio.

El Sentido del Oído

El sentido del oído también está conectado con el sentido del equilibrio. Aunque en la evolución del sistema nervioso central, el sentido del oído es mucho más antiguo que el sentido de la vista, se considera como el sentido más importante de los humanos. El escuchar nos permite comunicarnos entre nosotros al recibir sonidos e interpretar el habla. El bebé escucha las conversaciones de mamá y papá y otros sonidos para identificar e interpretar si es amado o rechazado.

Imagina si estuviéramos haciendo una actividad y alguien viene detrás de nosotros y grita - ¿estarías sorprendido o incluso asustado a morir? Cuando vemos una película de terror, los sonidos nos asustan y como nuestra mente inconsciente no puede diferenciar entre la realidad y la imaginación, somos propensos a sentir los efectos negativos en nuestra mente subconsciente. Del mismo modo, cuando escuchamos sonidos suaves y pacíficos, sentimos una sensación de tranquilidad y calma. Podemos pensar, reaccionar y tomar decisiones correctas cuando tenemos la mente relajada y los pensamientos en paz. Las decisiones basadas en situaciones violentas, impulsivas y coaccionadas generalmente tienden a tener resultados negativos. ¿No estás de acuerdo?

Él bebé siente aceptación o rechazo a través de los sonidos. Sonidos fuertes y violentos lo asustan y sonidos amorosos y pacíficos lo hacen sentir aceptado. Trabajan directamente en su autoestima, confianza y en sus futuros comportamientos de adulto. En ocasiones me pregunto cómo se verán afectados esos bebés que ven escenas violentas de películas o que actúan en películas. Estar expuesto a este ambiente seguramente afecta su vida más adelante de alguna forma.

El sentido del oído juega un rol importante en crear una conexión entre el bebé y los padres, o con otros a su alrededor. Ya que un bebé no puede ver a sus padres, todos pueden sentir una sensación de ser amados o rechazados después de identificar sonidos que escuchan. Sintieron momentos de paz y se fueron a dormir cuando escucharon cantar a su mamá; pero se sintieron estresados cuando fueron expuestos a sonidos fuertes, violentos y aterradores.

El bebé escucha todo y lo absorbe para su futuro desarrollo. Una de las más grandes recomendaciones que puedo hacer es evitar peleas durante el embarazo e incluso después de que el bebé nazca. Durante una sesión, uno de mis clientes recordó cómo sus padres solían gritarse y en general tenían una relación muy violenta entre ellos. Sufrió mucho en el vientre de su madre, lo que le provocó sordera en su vida. El simbolismo de los oídos es escuchar y cuando no puedo evitar escuchar sonidos odiosos y aterradores, se puede desencadenar la sordera. Las peleas violentas y ruidosas también han sido causa de parto prematuro en algunas ocasiones.

En biología, el sentido del oído también está conectado con el sentido del equilibrio. Desde un punto de vista holístico, no solo es un equilibrio físico sino también espiritual. La pérdida de equilibrio es también uno de los síntomas del vértigo.

Sería valioso el poner sinfonías melodiosas de diversos clásicos musicales o artistas talentosos para ayudar a estimular el desarrollo del bebé de una forma positiva. Siempre puedes consultar con tu médico o con un profesional de la salud que trabaje en este campo. Espero que reconozcan la importancia de los sonidos positivos para un bebé en desarrollo. El latido del corazón es un ritmo que se puede encontrar en diferentes tipos de música, cuanto más fuerte es, más interesante se vuelve.

Las futuras madres que perciben la idea de un bebé creciendo dentro de ellas querrán comenzar a hablar con él o ella, y animar al padre a hacer lo mismo. No será en vano porque el bebé puede escucharte y sentirse profundamente conectado a ti a través de tu voz. La investigación médica afirma que la escucha en los bebés se desarrolla alrededor de la sexta semana de embarazo, lo cual es cierto desde un punto de vista científico. Sin embargo, el espíritu también puede "escuchar" y, por lo tanto, debes comenzar a hablar con tu bebé en el momento en que percibes que estás embarazada. Tu conversación acerca de o con el bebé puede crear una impresión en su psique en desarrollo. Las voces, los tonos y los sonidos que escucha y experimenta son la puerta de entrada al entorno del nacimiento. Los sonidos suaves, melodiosos y amorosos crean experiencias positivas, pero sonidos fuertes y enfadosos constantes crean sensaciones de miedo, ansiedad o rechazo. Además de en el embarazo, en el día a día, peleas fuertes e intensas no son buenas para la salud mental de tu hijo.

El Sentido de Movimiento

El sentido de movimiento es uno de los sentidos de identidad propia y tiene una conexión directa con el sentido de ser o del yo. El movimiento está conectado a la vida y es directamente opuesto a la muerte. Ese es uno de los sentidos críticos que nos separa de las plantas.

Un bebé nonato comienza a moverse físicamente a la décima semana de embarazo, pero aun así tiene a su consciencia moviéndose desde el espermatozoide. Las piernas y los brazos están conectados con el sentido del movimiento y poseen sus propios sensores. De hecho, el sentido de movimiento es paralelo al sentido de libertad. Nuestra consciencia juega un papel muy significativo para comprender el sentido de movimiento y su relación con el sentido de libertad. Los animales tienen menos consciencia que los seres humanos. Un animal se mueve cuando persigue a su presa. Simplemente sigue sus instintos, pero eso no es libertad. Es simplemente la estimulación de un reflejo lo que causa el movimiento. El espacio que puedo ocupar es el comienzo del sentido de la libertad.

La enfermedad conectada con el sentido del movimiento puede ser la parálisis de piernas o brazos. No puedo moverme porque estoy fijo o las condiciones de mi vida no me permiten moverme; o tal vez mis padres me controlaron en exceso y no tengo mi propio espacio ni libertad. Muchos de mis pacientes recuerdan tener un espacio limitado en el vientre de su madre, que luego se manifestó como tener menos libertad, o complacer a los demás, o simplemente encontrar formas de escapar de las responsabilidades de la vida. Una vez que entendieron esos procesos inconscientes, pudieron salir de este estado.

Mi recomendación para la madre seria pasar algo de tiempo haciendo actividades físicas como caminar o estirarse cuando le sea posible. Esto ayudará a la madre a sentirse bien, y por supuesto, si la madre se siente bien el bebé también se siente bien.

El Sentido del Olfato

El poder del olfato se origina en nuestro estado primitivo. Un oso macho puede oler a una hembra en celo desde lejos. A veces me pregunto si un hombre primitivo tendría la capacidad de detectar el deseo de reproducción de una mujer primitiva. ¿Podría ser que ella emitiera algún tipo de olor de su cuerpo, causando que un hombre se sintiera atraído sexualmente por ella? ¿Hemos perdido esta habilidad natural debido a nuestra exposición y deseo de perfumes y aromas artificiales? Si es así, ¿pueden las feromonas utilizadas en los perfumes ayudar a atraer a un hombre hacia una mujer?

Hablando en un sentido general, la mayoría de los sentidos que utilizamos son usados en un esfuerzo por experimentar cercanía con nosotros mismos. Por ejemplo, al usar el sentido de movimiento, me muevo para estar siempre cerca de mí; al usar el sentido del oído, cuanto más cerca escucho, mejor es. El sentido del olfato tiene la capacidad de percibir señales distantes. Es nuestra primera respuesta a los estímulos. Podemos oler la comida antes de saborearla, o podemos oler algo que se está quemando, aunque no podamos ver las llamas. La mayoría de los animales conectados a la tierra tienen un olfato increíble. Uno de los mejores ejemplos de esto es un perro cuyo sistema olfativo es mucho más avanzado que el de los humanos. Es por eso por lo que los perros se utilizan para detectar explosivos, drogas ilegales y dinero, artículos de personas desaparecidas, sangre e incluso productos electrónicos de contrabando. Según el antiguo sistema indio de chakras (centros de energía), una de las características del elemento tierra es el olor. En el antiguo Egipto, cuando las personas tenían una flatulencia, se les hacía oler esencia de anís para que sus gases intestinales pudieran ser expulsados a través del ano de la base del chakra.

Si cambio algo en mi aroma significa que algo cambio en mí. Casi toda mujer embarazada nota un cambio en su sentido del olfato durante el embarazo, lo que es una señal temprana del embarazo. El olfato juega un papel importante en la conexión emocional y en el vínculo entre una madre y su bebé. El olfato de la madre durante el embarazo ayuda al bebé a sentirse seguro y a salvo con ella porque su conexión principal con la madre después del nacimiento es a través de los sentidos del olfato, el tacto y la voz. Los recuerdos relacionados con el olfato durante el embarazo le ayudan a continuar su experiencia en presencia de su madre; por ejemplo, el líquido amniótico en el que el bebé respira y nace mientras está en el útero ayuda a atraer aún más el olor de la leche materna después del nacimiento.

Los olores pueden afectar a un bebé durante el embarazo. El uso prolongado de olores buenos o malos durante el embarazo pueden causar que el bebé este atraído a esos olores más que a otros. Siempre me he preguntado si nuestro olor es responsable de la atracción de dos personas de sexos opuestos – incluso desconocidos – y de que tengan un bebé juntos.

Diferente a otros sentidos, el sentido del olfato opera con el sistema olfativo, que es una parte directa del cerebro. No necesita un nervio hacia el cerebro como los demás sentidos. La luz es una forma de energía que se recibe a través de los ojos, y esta energía se convierte en un sistema binario, que es indirecto: luz u oscuridad.

Meinhold dice que la molécula del olor está directamente conectada al cerebro. Es como estar en comunicación con el cerebro. Cuando siento el olor de una mujer o de mi pareja, ya sea consciente o inconscientemente, entonces reconozco este olor como mi pareja y me comunico y creo una relación con esta persona. Si no puedo olerte, no puedo reconocerte. En nuestro mundo consumista, tenemos una gran cantidad de aromas y perfumes a nuestra disposición, por lo que no nos aceptamos unos a otros con tanta naturalidad como solíamos hacerlo. Necesitamos ponernos una máscara para aceptar a los demás.

El Sentido de Vida

Rudolf Steiner explicó el sentido de vida acerca de estar bien y vivir en armonía. Meinhold lo explicó más a detalle al llevarlo a un nivel más profundo – todos los procesos vitales del cuerpo están conectados y deben tener un centro para que esta condición funcione. En este caso, la madre se vuelve el centro para estos procesos vitales.

Explicó más a detalle cómo si las células no trabajan en armonía, pueden destruir la vida y crear enfermedades malignas. A estos procesos los llama sentido de vida o vegetativo. También enfatiza la importancia de abstenerse de fumar o beber porque son sustancias extrañas al organismo que podrían destruir la armonía de las células y otros procesos vitales.

El sentido de vida es uno de los sentidos más importantes. Si no soy yo entonces soy alguien más. La palabra vida puede ser descrita como existencia, una forma de vida o lo opuesto a la muerte. Mi existencia está basada en el espacio que ocupo porque sin mí habría un vacío. El bebé ocupa ese espacio en el vientre de su madre, lo que le da a la madre la indicación de que está embarazada. Aunque es un ser humano diferente, su condición es la de la madre. Está en simbiosis con la madre. La madre está frente a él para que pueda reconocer su existencia. Él se conecta con la madre a través de las experiencias sentimientos y pensamientos de la madre; él crea su sentido de vida.

Muchas partes son reprimidas en nuestro inconsciente y necesitamos hacer lo inconsciente consciente. Esto requiere mucho trabajo y esfuerzo porque nunca tenemos un completo conocimiento del ser. La armonía de los procesos vitales de la vida solo puede ser posible si estamos en armonía con nosotros mismos. Desde nuestros orígenes todos estamos sanos, pero biológicamente, si vivimos una vida con carencias y problemas de salud, debemos aceptarlos.

Si no estamos en nuestro cuerpo físico, entonces la vida termina porque no hay desarrollo. Lo que queda después de la muerte es el ser espiritual. El "ser" ahora es parte del ser espiritual, pero necesita un cuerpo. El cuerpo no es algo que tenemos sino algo que somos. Si no tratamos a nuestro cuerpo con respeto y amor, entonces no estamos tratando a nuestro nivel superior con respeto. El cuerpo necesita mucha más aceptación.

Meinhold enfatiza la importancia de la consciencia celular en el vientre de la madre. Es importante para cada célula que quiere duplicarse el saber si iguala las necesidades del ambiente a su alrededor. Demasiadas células duplicadas generan problemas y todos los procesos vitales de las células deben estar en armonía entre sí. Los genes de la célula tienen la tarea de garantizar que el proceso de duplicación se realice correctamente. Cuando una radiación fuerte, defensas tóxicas o heridas psíquicas dañan un gen, éste no puede controlar adecuadamente las otras células. Cuando se produce una mutación, las células deben repararse, pero si se sale de control, el gen tiene la tarea de destruir las células. Las células no pueden ser accedidas conscientemente porque el proceso entero se lleva a cabo como si fuese un concierto.

Si no estoy completo dentro de mi entonces algo de fuera debe ocupar ese espacio en mí. Debemos ocuparlo nosotros mismos. Por ejemplo, si fumo o consumo drogas, entonces estas son substancias extrañas que ocupan el vacío. Son extrañas energías externas que provocan la autodestrucción. No tienen la posibilidad de establecer comunicación entre células. La armonía de los procesos vitales sólo puede ser armónica si estamos en armonía con nosotros mismos. La tarea es vivir una vida feliz y alegre. Debemos reconocer formas saludables de vivir porque, en un sentido biológico, estamos sanos, y si tenemos un déficit en nuestra vida debemos aceptarlo.

No solo las mujeres embarazadas necesitan evitar estas sustancias extrañas en la vida, también todos los demás. Encontrar soluciones para nuestras deficiencias físicas y emocionales y vivir en armonía desde dentro y con nuestros alrededores es lo que caracteriza el sentido de vida.

El Sentido del Gusto

El sentido del gusto del bebé comienza a desarrollarse temprana-mente en el embarazo y cultiva gustos especiales y tiene preferencias de alimentos consumidos por la madre durante el embarazo, incluso años después o, en ocasiones, por el resto de su vida. Por eso es muy impor-tante que la madre no fume, beba alcohol ni consuma otras drogas ilegales durante el embarazo. El bebé puede tener serios problemas de desarrollo como resultado de cualquiera de estas sustancias nocivas. ¿Las madres que consumen drogas son más propensas a tener bebés que tendrán una adicción a las drogas en el futuro?

Durante los primeros dos meses de embarazo, las papilas gusta-tivas comienzan a formarse y estos receptores empiezan a reconocer diferentes sabores como salado, dulce, o amargo. El bebé en el útero puede chupar su pulgar a partir de la semana 20 en adelante y esto ayuda al crecimiento de estas papilas gustativas receptoras. Chuparse el dedo también es un símbolo natural para chupar el pezón de la madre o amamantar en un futuro próximo. Desde mi experiencia clínica, siempre recomiendo amamantar después del nacimiento del bebé porque la leche materna brinda protección contra enfermedades y también ayuda a crear un vínculo con la madre. Reconozco que puede haber circunstancias en las que la lactancia materna no sea posible. Es más saludable para una madre hablar con el bebé para explicarle que le encantaría amamantar, pero esto no es posible y que ella lo ama pase lo que pase, en lugar de sentirse culpable por ello más adelante. También recomiendo brindar completa atención al bebé cuando se amamanta en lugar de hacer cualquier otra actividad. Muchos pacientes han inter-pretado esta distracción como una forma de rechazo por parte de la madre, que más adelante afecta su vida adulta.

Simbólicamente, el gusto es parte de la simpatía y antipatía no solo hacia la comida sino también con olores. Las papilas gustativas deberían desarrollarse desde la infancia temprana para que el alimentarse no se vuelva un tipo de entrenamiento. Exponer al bebé a una variedad de sabores puede lograr esto. Al pensar en el sabor de la comida, debemos incluir el sabor de un beso. Conozco a alguien que nunca besó a sus hijos en su infancia temprana después de cigarrillos o beber alcohol;

pero luego superó por completo estas adicciones porque sus hijos le pidieron que dejara de fumar. Es muy importante desarrollar simpatía y la antipatía en la infancia. La vida de un bebe antes y después del embarazo hasta el crecimiento de los dientes frontales es un reflejo de la información recibida de la madre y el mundo externo como referencia para conocerse a sí mismo.

El Sentido de la Telepatía y/o Pensamiento

Telepatía se deriva del término griego *"tele"* que significa "distante" y *"pathe"* que significa "ocurrencia" o "sentimiento". Así que es la comunicación distante entre personas, de pensamientos, ideas, sentimientos, sensaciones e imágenes mentales, etc., involucrando mecanismos que no pueden ser entendidos en términos de leyes científicas conocidas. También es conocida como la transferencia de pensamientos. Así que, en palabras simples, la telepatía es la comunicación entre dos mentes, separadas por la distancia, sin el uso de ningún canal sensorial conocido o interacción física.

En algún punto de nuestra vida, todos experimentamos la telepatía. Puede que pensaras en una persona y recibes una llamada telefónica de esa persona, o dices algo antes de que otra persona lo haga y él dice: "¡Iba a decir eso mismo!" En mi vida lo he sentido más que a menudo especialmente con las personas que amo. Incluso mientras hago una actividad, recibo imágenes mentales que son asombrosas. Sigmund Freud calificó la telepatía como una facultad primitiva regresiva que se perdió en el curso de la evolución, pero que aún tenía la capacidad de manifestarse bajo ciertas condiciones. El psiquiatra Carl G. Jung lo consideró más importante. Lo consideró una función de sincronicidad. El psicólogo y filósofo William James era muy entusiasta hacia la telepatía y animaba a hacer más investigaciones sobre este tema. (http://www.themystica.com/ mystica/articles/t/telepathy.html).

Basado en la investigación realizada por Werner Meinhold, el sentido de telepatía y el sentido del pensamiento están combinados. De acuerdo con él, este es un sentido muy especial ya que sólo los seres humanos pueden pensar. Lo que aprendemos en la escuela no es pensar porque la mayor parte de lo que estudian los niños en la escuela se basa en repetir lo que otros ya han pensado. Todos tenemos que pensar, ya que pensar es el único camino hacia las ideas originales y la creatividad. En la escuela aprendemos a reflexionar y regurgitar, pero no aprendemos a comunicarnos. Piensa en cómo pensar y no en cómo repetir.

El pensar sólo puede considerarse como parte del sentido de la telepatía. Lo que pienso y siento también es una forma de comunicación telepática. Los niveles más profundos dentro de nosotros son originales y entran en comunicación directa. En la comunicación directa no hay medios de comunicación, nervios o sentidos, pero si hay una participación directa de un nivel superior donde todos aportamos una parte de nuestro ser. El sentido del pensamiento cuando se vuelve telepático no necesita tiempo. Si te conviertes en rayos de sol, entonces necesitas tiempo. La comunicación directa no necesita tiempo ni espacio entre el transmisor y el receptor. No sabemos quién envía y quién recibe el mensaje, pero es de mutuo acuerdo y se produce información mutua de forma simultánea e instantánea.

El bebé conecta con su madre a través de una comunicación telepática. Lo que la madre siente o vive durante el embarazo se vuelve la primera lección en la vida de un bebé y más tarde, en su vida, intenta vivir inconscientemente a través de esas experiencias. Si una madre se siente mal, deprimida o ansiosa, entonces esos sentimientos de rechazo o aceptación son transferidos al bebé a través de vías de conexiones telepáticas. Discutiré esto más adelante en el capítulo titulado: "La comunicación entre Madre y Bebé".

La telepatía también ha sido usada para conectar con personas muertas porque viven fuera del espacio y el tiempo. No se recomienda porque no sabemos que está del otro lado y esto puede llevar a una experiencia peligrosa.

Debemos acercarnos a los muertos con paz y amor. Aceptar la muerte de un ser amado con amor y gracia. Dios no lo permita, pero si un bebé muere en el vientre de su madre, es seguro decir que ha vivido una vida completa. Ningún sentimiento de culpa o tristeza ayudará, sólo el amor sanará. El ser querido que ha fallecido tiene que continuar su camino espiritual, y aunque es difícil de aceptar, no recomiendo que lo retengamos para nuestras propias necesidades. Muchas de mis clientas que habían perdido a sus bebés durante el embarazo tenían sentimientos de culpa y miedo, y tenían miedo de volver a perder a otro hijo en un embarazo futuro. El sentido de la telepatía les ayudó a comprender que no era su culpa y también el hecho de que no era el momento adecuado para que naciera ese bebé. Este entendimiento alivió la carga que habían estado soportando durante tanto tiempo, lo que resultó en una vida mejor y más feliz. Si un bebé muere en el vientre de la madre, a la madre le resulta difícil dejar que el dolor desaparezca porque la única conexión con el bebé es ahora a través del dolor de la pérdida. Si ella pierde su dolor, entonces también pierde a su bebé o esa conexión con el bebé. Requiere un gran esfuerzo procesar estos sentimientos de culpa. Aunque otros métodos funcionan bastante bien, el dolor permanece atrapado en los recuerdos. El sentido de telepatía ha ayudado a muchas madres a encontrar la conexión maligna y dejarla ir, permitiéndoles vivir en el presente.

Es difícil de diversas formas el hablar de la causa y efecto. ¿Dónde comienza la causa y donde empieza el efecto? Vivimos en un mundo donde no podemos controlar ciertas situaciones. Un movimiento mínimo en un sistema puede cambiar todo y afortunadamente este cambio puede ocurrir en un nivel espiritual. El sentido telepático es un enlace de comunicación directa, que se conecta con y entiende las tareas y experiencias conectadas con nuestro *karma*. Si podemos llegar a este entendimiento, entonces en este sistema no hay tal cosa como la "culpa".

Necesitamos trabajar en nosotros para liberarnos de las conexiones telepáticas malignas que nos controlan diariamente en un nivel subconsciente, creando caminos de insatisfacción y negatividad. Necesitamos explorar y comprender qué se esconde debajo de estas energías malignas y qué factores las están causando. Al parecer, el órgano receptor del cuerpo para el sentido de la telepatía es la glándula pineal, que, según estudios recientes, se ve afectada negativamente por el uso de celulares.

El avance de nuevas tecnologías, como el internet y los celulares, juegan un papel importante en el despertar de lazos sociales porque crean una cadena de comunicación geográficamente diversa y alejan a las personas de contextos sociales tradicionales, vecindarios, organizaciones, y espacios públicos que han forjado tradicionalmente conexiones y redes comunales fuertes. Irónicamente, usamos herramientas de comunicación, pero nos comunicamos menos y nos aislamos más socialmente. Esta forma de comunicación se basa en un desequilibrio de poder. El poder que no se expresa se transforma en violencia contra nosotros o contra los demás.

Karma es la "acción" o el "hacer". Trabajando con nuestro sentido de telepatía, podemos entender mejor nuestra conexión con la muerte o los muertos. Incluso puede ayudarnos a comprender en un nivel más profundo que no es muy importante hablar de la Guerra Mundial sino actuar con decisión para prevenir o frenar las guerras y conflictos actuales. Si no reconocemos el significado que la historia tiene para nuestro presente y nuestro futuro, entonces no habremos aprendido nada. Nuestra consciencia colectiva tiene mucho que ver con eso. Un alma individual nos comunica un mensaje, al igual que el alma de una ciudad. Todos estamos interconectados y tenemos una conexión telepática los unos con los otros; fuimos creados para vivir en armonía telepática y no para estar separados los unos de los otros.

El Sentido de la Vista

Los ojos juegan un rol muy importante en tu vida. Nos dan el sentido de la vista. Aproximadamente el 70% de nuestras actividades diarias dependen de nuestro sentido de la vista. Nuestros ojos nos permiten interpretar la interacción entre la luz y la oscuridad. ¿Puedes imaginarte tu vida sin la vista o sin usar tus ojos?

"Los ojos son las ventanas del alma" es un dicho muy popular. Cuando miramos a los ojos de alguien, podemos ver dolor, enojo o alguna otra emoción. Nos sentimos confiados cuando hablamos con alguien mientras nos miramos a los ojos. Incluso el proceso de enamoramiento comienza con un contacto visual. La tasa de transmisión de los nervios del oído es más rápida que la del ojo. También puede pasar que la información de la imagen es más grande y tome más tiempo alcanzar el cerebro.

Vivimos en el aquí y el ahora (tiempo y espacio), pero cuando nos volvemos conscientes de ambos, estos ya no existen. Nunca podemos percibir el aquí y el ahora si dependemos de nuestros sentidos físicos.

La distancia viajada por las olas de luz es más rápida que las olas de sonido, pero si estamos más cerca a la fuente de sonido entonces aparece más rápido. Estamos bajo una ilusión sobre el aquí y ahora porque nuestro cerebro lo hace parecer; de hecho, las señales llegan al cerebro en diferentes momentos y con diferentes velocidades de onda, pero el cerebro las convierte a la misma velocidad en el momento en que llegan. En el momento en que sentimos o recibimos la descripción de la realidad, ya no está allí. Estos sentidos no son herramientas muy precisas o fiables. También tenemos nuestros filtros para ver lo que vemos. Todos describirán una escena de manera diferente según lo que vean. Un buen ejemplo es cuando diferentes personas ven una película y la describen de manera muy diferente a otra persona. Desarrollar un sentido de telepatía elimina la necesidad de procesar los sentidos y también removerlos de la barrera del espacio-tiempo.

Puedo reconocer a una persona por medio de sus ojos. Meinhold dice, "cuando un bebé nace por parto natural, sale y busca los ojos de su madre. ¿Cómo sabe que ha encontrado sus ojos si el bebé nace con una visión reducida? Mi impresión es que el reconoce que está en el lugar correcto con la persona correcta". El sentido de la vista es un sentido muy importante en el desarrollo de la libertad junto con el sentido del movimiento. La vista no solo detecta la luz, sino también la sombra.

El Sentido de la Palabra con el Sentido del Habla

El habla es simbólica en nuestra evolución como seres humanos. El día que comenzamos a hablar o desarrollamos el sentido del habla nos convertimos en seres humanos, y esto marca la diferencia más grande entre los animales y nosotros. Desarrollamos la capacidad de identificar el significado funcional de las palabras, así como a pensar y a responder. Cuando podemos pensar en palabras, podemos sondear los profundos misterios del universo a través de las profundidades de la filosofía o volar con las alas del misticismo. El sentido de la palabra parte de la vida intrauterina y esta es la conexión con la madre. Crece y se desarrolla hasta los primeros cuatro años de vida, después de lo cual el niño se separa de la madre y comienza a usar una forma de habla más sofisticada.

El uso de palabras suaves y de amor incondicional en la vida intrauterina juega un muy saludable e importante papel en la formación del bebé y su vida futura. Este sentido también está conectado con los sonidos y tonos percibidos por el bebé. Al bebé le desagradan las peleas ruidosas entre sus padres, pero la exposición constante causa que aprenda a pelear, lo que lo llevará a tener una vida disfuncional en el futuro. Es beneficioso para la madre evitar ver películas de terror o violentas con sonidos de miedo y terror. Asimismo, la música que contiene ritmos fuertes y letras inapropiadas puede crear diferentes patrones de aprendizaje poco saludables.

El Sentido del Ser o del Yo

El sentido del ser o del yo está conectado a reconocer el significado real detrás de las palabras. Cada ser humano es un individuo y cada individuo es diferente. El interpreta el ser de acuerdo con su propia personalidad.

El bebé entra en la vida intrauterina como una computadora nueva que no tiene una programación aún. Sus padres y otras personas significativas pueden imponer ciertas condiciones a su nacimiento (preferencias como dar luz a un niño en lugar de una niña, ojos azules, rubio, que se vuelva cantante cuando sea adulto, etc.) durante su vida intrauterina, forzarlo a adoptar una máscara que lo separa de su yo real y lo aleja de su verdadero propósito.

Él asume las características de alguien más para ganar la aceptación familiar y social, para que su existencia sea validada y la aprobación lo haga sentir digno. Esto provoca un déficit simbiótico y también prohíbe el desarrollo natural y saludable a través de las etapas de la infancia temprana. Posteriormente encuentra su equilibrio en enfermedades físicas o mentales. La madre impone una condición inconsciente en la vida intrauterina de su bebé, generando en el niño un déficit que corresponde a ese período de vida que ahora tiene prohibido desarrollarse, y luego el mismo se conecta con la aceptación condicional impuesta a la pareja.

Esta condición de aceptación hacia alguien más es parte del drama de la vida. Mientras es verdad que la máscara le permite interrelacionarse y sentirse aceptado por la madre al principio y después por la sociedad, persiste el hecho de la limitación personal, porque confundirá esta mascará con su yo real. Esto evita que otras fases de la infancia se desarrollen de forma saludable. La idea de primero "tener" y luego "ser" se transmite en la vida intrauterina. Si ocurren eventos similares nuevamente, la persona se encuentra llenando ese vacío por el resto de su vida. Por ejemplo, si tengo un automóvil, una casa, una familia y un trabajo estable, etc., entonces otros me aceptan y me he ganado el derecho a vivir. Si falta alguno de los anteriores, entonces no existo, no valgo nada y no tengo derecho a vivir. Puede haber muchos patrones inconscientes similares diferentes dependiendo de la vida de la persona en la vida, y si se exploran y comprenden a través de ciertas técnicas de meditación, una persona puede vivir una vida libre y feliz. Somos nuestro propio espejo y en nuestro reflejo debemos tener la habilidad de reconocer si estamos centrados o no.

Solo podemos reconocer nuestra situación presente en este preciso momento. Si nos imaginamos esa situación entonces nos alejamos el presente. Esto significa vivir en el "aquí y el ahora": Cuando como, sólo como y no leo ni hablo porque la comida merece su propia aceptación. Cuando duermo, sólo duermo y no pienso en lo que voy a hacer mañana. Estoy completamente presente con esa actividad en ese mismo momento y nada más me ocupa. El yo es importante para todas estas experiencias, y necesitamos validarnos a nosotros mismos a través de todo lo que aprendemos.

Meinhold dice, "El ser o el yo tiene niveles diferentes; él es un bebé en el vientre, un niño, un adulto y también la vida futura que vivirá. El yo se trata de la conciencia de toda su vida, su ser espiritual y como individuo y no tenemos que encontrarlo en el cerebro". El yo no se trata sólo de la consciencia de la existencia, sino también de la consciencia de sí mismo. La única seguridad que tenemos es la consciencia de nuestro yo espiritual, con el que nacemos, y no podemos buscar refugio en otra persona, dinero o cualquier otra cosa. Este yo es también la necesidad de conocer al otro yo. Si no puedo desarrollarme entonces no puedo reconocer el otro ser. Tenemos la posibilidad de expandirnos y desarrollar nuestra conciencia, nuestro amor y nuestra libertad.

El Sentido de la Percepción

Aunque previamente pensé en incluir el sentido de la percepción en mi libro, sentí algo de resistencia en la forma de confusión cuando explicaba los cinco sentidos básicos experimentados por el esperma en el vientre materno. Así que me di algo de tiempo para alcanzar una comprensión más profunda de esto a través de la meditación y el trabajo con mis clientes. Finalmente decidí incluirlo aquí como el decimoctavo sentido. Me di cuenta de que el sentido de la percepción no podía ignorarse, ya que se conecta íntimamente con todos los sentidos y, por lo tanto, juega un papel muy importante en nuestra vida diaria. Pensé que sería muy similar al sentido de consciencia y, de hecho, descubrí más tarde que el sentido de percepción tiene una conexión directa con el sentido de consciencia. Mientras más percibas, más consciente te vuelves y mientras más consciente seas, más percibes. Es increíble, ¿no?

La palabra percepción se deriva del latín *percipere* (aprovechar, entender) y *"perceptio"* que significa "percibir" o "percepción". De acuerdo con el diccionario de Merriam-Webster, la definición simple de percepción es "la forma en la que piensas acerca de o entiendes algo o a alguien". Esta definición es fácil de entender en términos generales, pero no encaja en nuestro contexto de vida intrauterina porque sabemos que un bebé no puede pensar ni comprender mientras está en el útero de su madre. Este preciado diccionario explica además la percepción como una definición más completa en estas palabras: "consciencia de los elementos del entorno a través de sensaciones físicas". Esta definición se acerca mucho más a lo que quiero explicar. La percepción es un pequeño momento antes de la consciencia. El bebé puede sentir sensaciones físicas. El siente y percibe las emociones de su madre y sus pensamientos y después los agrega a su limitada, pero completa consciencia de ese momento, después usándolo como base para futuras experiencias. Ese momento de percepción es un momento muy delicado y tiene un impacto directo en nuestra vida diaria. Si la base de nuestra percepción se ha conectado con la consciencia de eventos y experiencias negativas, entonces esa persona se resistirá a vivir y comprender situaciones y experiencias positivas. Tendrá una actitud negativa generalizada hacia la vida y aunque quizás todo sea positivo y tranquilo, todavía tendrá dudas y desolación por dentro y se sentiría incompleto en su vida cotidiana. ¿Sabes de alguien que viva bajo esos estándares?

El sentido de percepción básicamente se conecta con todos los sentidos. El sentido de percepción nos ayuda a entender todos los demás sentidos. Si fallamos en desarrollar alguno de nuestros sentidos, entonces no podemos tener la "percepción" de lo que ese sentido en particular nos da y perdemos esa información por el resto de nuestras vidas.

Muchos de nosotros podemos confundir la palabra "intuición" con el sentido de la percepción. Curiosamente, la percepción también es un momento anterior a la intuición y es diferente de la intuición. La palabra "intuición" proviene del verbo latino *intueri* traducido como "considerar" o de la palabra del inglés antiguo *intuit*, "contemplar". La intuición es una corazonada, una idea o una conjetura independiente de cualquier proceso de razonamiento. Puede manifestarse como una percepción rápida o una aprensión inmediata, pero es un evento de una sola vez. Ahora no puedes vivir una vida intuitiva contínua. Ocurre una vez en un momento muy particular y se detiene y puede ocurrir más tarde, pero no sabemos cuándo. Por otro lado, el sentido de la percepción es un proceso contínuo. Trabaja 24/7. Percibimos las cosas basados en nuestras experiencias y tomamos decisiones basados en esta. Esto significa que el sentido de la percepción juega un papel importante en lo que llamamos "éxito" de acuerdo con un punto de vista materialista en nuestra vida. Sorprendentemente, la intuición puede fallar, pero la percepción no. ¿Tú que piensas?

Puedes haber escuchado la frase "¿Cómo sabias que vendría?" "No lo sé, debió ser la intuición". Desafortunadamente, esto no es intuición sino el sentido telepático; sin embargo, el sentido de percepción juega un papel importante en el sentido de consciencia.

Ahora podemos apreciar completamente lo importante que es el sentido de percepción en nuestra vida; nos acompaña incluso antes del nacimiento y durante cada momento de nuestras vidas. Un ejemplo podría ser el siguiente: estás caminando a casa solo en la oscuridad y de repente sientes escalofríos en todo tu brazo y cuello; en ese momento tu sentido de la percepción está activo, alertándote del hecho de que algo anda mal... Boo.

El sentido de la percepción es el reconocimiento e interpretación de información sensorial. También puede ser nuestra respuesta a la percepción de esa información. Percibimos y juzgamos esa información y después interactuamos con nuestros alrededores. Nuestras experiencias anteriores también juegan un papel importante ya que permiten o niegan la información recibida. Por ejemplo, si alguien te ha mentido algunas veces, puedes escuchar su plática con incredulidad, pero tal vez esta vez diga algo de alguna manera y percibas que te está diciendo la verdad. Esta es la información sensorial que percibes, interpretas y decides para ayudarle en esta situación a pesar de experiencias previas.

El sentido de percepción es un proceso muy importante en nuestro día a día, y nos ayuda a vivir una vida más balanceada y consciente. Creo que puede ser beneficioso para nosotros considerar y usar estos 18 sentidos en nuestra vida diaria. Realmente tiene sentido.

El amor incondicional no puede
vivirse sin entender las condiciones.
Atul Mehra

Capítulo 5
Amor Incondicional

El amor es una emoción que nos ciega a los demás y a nosotros mismos. Está presente en cada momento de nuestras vidas. Tiene muchas caras: afecto, apego, bondad, compasión, benevolencia, simpatía, entendimiento, amistad, cuidado y más. Puede ser cualquier idea o sentimiento que nos dé la sensación de conectar con otros. Incluso el propósito de la creación es el amor.

La noción del amor como una emoción también debe incluir a su contraparte, el odio. Esto es la ausencia del amor, amor mal expresado o amor inaccesible. Aunque negativo, el odio está presente en todos nosotros y simultáneamente nos une a los demás, pero con una diferencia principal: hay una marcada falta de comprensión o una falta de bondad humana, o ambas. El amor, por otro lado, es una energía que nos conecta con todos los seres vivos y no vivos. Dios no lo quiera, cuando perdemos a un amado que ha sido parte de nuestra vida durante algún tiempo, lo extrañamos mucho. De hecho, el amor en perpetuidad permanece como una emoción misteriosa y extraordinaria de la humanidad, y aún hay mucho que comprender acerca de este.

El amor es una conciencia más allá de la dualidad. Es una parte crítica de nuestra vida diaria que demanda nuestro entendimiento desde un punto de vista holístico. La palabra holístico se deriva del griego *"holos"* que significa todo, total o entero. No podemos separarnos de nosotros. Lo que esto significa es que no puedo amarte a ti ni a mí mismo en partes. Además, no puedo decir que amo mis ojos, pero no mi nariz, o que amo tus brazos, pero odio tu rostro. Para amar hay que aceptar a la persona en su totalidad. Dado que todos estamos conectados unos con otros, debemos aprender a aceptarnos tal como somos. Si aceptas a otros condicionalmente, entonces también te aceptas a ti mismo condicionalmente. Comienza a aceptarte como eres y comenzarás a aceptar a otros como son. Mientras más te aceptas, más aceptas a otros y viceversa.

Esta afirmación es igualmente eficaz para el bebé que viene a compartir su vida contigo. Él es el alma que se siente atraída por ti por el amor que tienes o tendrás por él. Ha decidido compartir toda su vida contigo y estar contigo para compartir los buenos y malos momentos de la vida. Y lo mismo sucede contigo y tu atracción hacia él. Tú también decides ser parte de su vida. No hay un contrato entre ustedes, y ninguno de ustedes necesita buscar la aprobación del otro. Es un proceso completamente natural. Le pasa a todo el mundo, sin importar a qué familia pertenezcas o en qué parte del mundo naciste y creciste. La llegada amorosa del bebé desde el vientre de su madre es la misma en cualquier parte del mundo.

Un amigo muy querido mío y mentor me preguntó acerca de los diferentes retos que enfrento cuando trato con clientes con diferentes antecedentes. Se asombró cuando le respondí que mientras trabajo con muchos clientes de diferentes culturas, lenguas y nacionalidades en Canadá, he observado que todos sufren más o menos de los mismos problemas durante su infancia. Entonces, no enfrenté absolutamente ningún desafío con su tratamiento, ya que las soluciones son universales para todos los seres humanos. Todos vivían en una polaridad intermedia. Esto significa que o carecían de amor o tenían un exceso de amor o algo intermedio. Esto es lo que me hace sentir tan emocionado por el hecho de que, aunque todos somos diferentes, todos nacemos como humanos y, por lo tanto, todos nuestros problemas también son humanos; del mismo modo, nuestras soluciones deben ser soluciones humanas. Aunque suene gracioso, es una experiencia honesta que he tenido toda mi vida. Lo mismo ocurre con los médicos y cirujanos. El diagnóstico y el tratamiento son idénticos para las mismas enfermedades para todas las personas en diferentes partes del mundo.

A partir de esto podemos entender las bases del amor incondicional. Como la medicina que sucede dentro de nuestros cuerpos, el amor actúa de forma similar contra las enfermedades sin pensar ni diferenciar a las personas. El amor cura a todos de la misma forma, sin importar la nacionalidad, cultura o idioma. Sin importar donde te encuentres, debes sentir el mismo amor incondicional por tu bebé. No te digo que seas perfecto porque nadie lo es, pero siempre puedes intentar evitar problemas, consejos y situaciones que podrían forzar a tu bebé a sentirse condicionado. Quizás, has tenido alguna discusión fuerte con tu esposo sobre cualquier tema o algo más. Tus emociones te hacen sentir fuera de control, o quizás te sientas nerviosa, enojada o temerosa. Recuerda, tu bebé absorbe estas emociones. Lo que sea que sienta una madre, esté o no conectado con el bebé mismo, se transfiere al feto que se ve obligado a preocuparse por los sentimientos de su madre y lo lleva por el resto de su vida. Si experimentas alguna de estas situaciones durante el embarazo, lo primero y más importante es darse cuenta de que has perdido el equilibrio y esto puede afectar a tu bebé. Relájate y habla con tu bebé para tranquilizarlo y hacerle saber que debe relajarse porque no tiene nada que ver con esa situación. Lo amas y aceptas tal como es. No sé si dejará de sufrir, pero estoy seguro de una cosa y es que esta acción definitivamente le ayudará a enfrentar experiencias dañinas y esto es lo mejor que puedes hacer en ese momento en particular. Pero debes relajarte, estar consciente y tener la mente abierta para crear las condiciones correctas.

Hoy es tu oportunidad de ser consciente. Toma ventaja de esta información presentada ante ti en estas líneas. No hay necesidad de ponerte una etiqueta de madre "buena" o "mala". Siempre recuerda: *madre es madre*. La dualidad o polaridad está presente en nuestra vida diaria y no podemos escaparla. La pelea entre el bien y el mal es eterna, pero la presencia de amor incondicional te hará consciente de muchas cosas que antes estaban escondidas detrás de una cortina.

Una de las primeras preguntas hechas cuando una mujer informa que está embarazada es: "¿es niño o niña?" ¿Puedes elegir el género de un bebé? Claro que no. Es imposible. No podemos elegir el género de un bebé, su piel, cabello o el color de sus ojos, ni determinar su altura o profesión. No podemos controlar el destino. Quizás, algún día la ciencia genética pueda manipular el genoma humano para crear "bebés de diseño" que serán como hermosos robots condicionados con poco o ningún sentimiento humano. Afortunadamente, no hemos llegado a esa etapa y la selección del sexo de un bebé sigue siendo un proceso completamente natural. A veces pensamos que podemos controlar la naturaleza, pero al final nos damos cuenta de que hemos hecho más daño que bien. Queremos vivir libremente en nuestras vidas y, a menudo, nos encontramos diciendo y escuchando frases como *"la libertad es mi derecho de nacimiento"*. Pero ¿cuántos bebés nacen realmente con total libertad? La libertad en este sentido significa que los bebés sean verdaderamente libres, no tienen que pasar por las condiciones que les imponen sus padres u otras personas durante el embarazo. Diría que las probabilidades de que un bebé nazca con libertad son cerca del 0.0000000001%. Antes de que el bebé se haya formado, tenemos una imagen o idea de su género. Tal vez el padre quiera una hija, pero la madre desea otra cosa. O tal vez apuesten en el género. Digamos que uno de ellos gana. ¿De qué lado debería estar el bebé, de la madre o del padre? Seguramente uno de ellos estará decepcionado porque el bebé tiene que ser de un solo sexo, ya que no puede ser de ambos sexos a la vez. No he hecho ninguna investigación sobre esto, ya que nunca he tenido un caso en el que el bebé haya nacido hermafrodita. En mi opinión, esta también puede ser una de las causas. Desagradablemente y no desafortunadamente (porque no puedo juzgar porque si juzgo entonces no puedo hacer ninguna terapia), he sido testigo de muchos casos en los que la madre quiso dar a luz un niño, pero en cambio tuvo una niña; por eso, durante su infancia y juventud, participó en actividades más infantiles para complacer a su madre. Por otro lado, en los casos en que la madre quería una niña, pero tuvo un niño, el niño usaba vestidos de niña y jugaba con muñecas. Sin embargo, algunas personas podrían decir, ¿qué hay de malo en que los niños jueguen con muñecas? Yo diría que no hay nada de malo si elige libremente jugar con muñecas; sin embargo, si se ve obligado por una ansiedad inconsciente a buscar la aceptación de la madre jugando con muñecas, entonces su vida adulta también podría verse afectada indirectamente. No he investigado esta situación, pero creo ampliamente que la homosexualidad también podría ser una consecuencia de ideas preconcebidas o pensamientos acerca del género del bebé.

El niño sabe sin saber lo que es el amor porque puede percibirlo de su madre. Simplemente no puede definir la palabra "amor" como un adulto lo haría. No puede explicarlo, narrarlo o interpretarlo porque está viviendo la experiencia del amor. Puede que no sepa que éste es una emoción, un sentimiento o algo más que lo une con su madre y el resto de la familia. Pero realmente siente que esto es una sensación reconfortante, una aceptación y no un rechazo, unión y no una separación, respiración y no asfixia. Está listo para vivir esa celebración por el resto de su vida, ahora con su madre y luego con otros. Está viviendo el éxtasis de la alegría y cada célula de su ser almacena esa valiosa información. Toda su experiencia de vida dependerá de lo que reciba durante esos momentos. También está completamente relajado y libre, fluyendo y creciendo, viviendo en ese pequeño paraíso y al mismo tiempo siendo agradecido con su madre, con Dios o tal vez con su propia suerte. Con estos sentimientos celestiales está listo para continuar su viaje hacia la existencia.

Ninguna madre es una mala madre y nunca deberías debatir esta idea en tu mente porque todas las madres son buenas y son representaciones de Dios. Ninguna madre es perfecta como nadie lo es, ni lo sería ni debería ser. Toda madre es tan humana como todas las demás. Toda madre comete errores como todos los humanos. Cada madre ha vivido en diferentes circunstancias y ha tenido diferentes experiencias que otras madres; por tanto, todos los embarazos son diferentes. Toda madre se ríe y sufre, se siente bien o mal, se siente tranquila o nerviosa, ama u odia, se enoja o sonríe durante el embarazo como lo hace el resto de su vida como todos los humanos. Así que disfruta tu embarazo. Trata de vivir tanto como sea posible siguiendo los sentimientos, emociones y experiencias con tu bebé y recuerda siempre que, por encima de todo, eres ante todo un ser humano. No puedes controlar todo y nunca eres responsable de todo. A veces las circunstancias están fuera de tu control y te ves obligado a tomar ciertas decisiones que son las mejores para ti en ese momento en particular. Puedes repetir estas frases con tu bebé durante el embarazo tantas veces quieras y el bebé se sentirá bien y aceptado.

"Te amo incondicionalmente"

El amor incondicional en la vida intrauterina es un amor sin fronteras. No tiene límites y no es cambiante. Es una forma de amor completo que no hace juicios. Es infinito e inmensurable. Se da libremente y mantiene el pensamiento de aceptar al bebé como llegue. La madre no debe desear ni formarse opiniones firmes sobre el bebé. He escuchado a algunas personas decir: "Quiero que mi bebé sea Tauro, Géminis o Leo porque me llevo bien con ellos". "Él o ella debería nacer en verano y no en invierno". "Cuando venga, me hará compañía porque me siento solo". Todos estos pensamientos pueden crear dificultades durante el nacimiento del bebé o más tarde en su vida adulta.

"Te acepto como el ser humano que eres"

El amor incondicional te acepta por la persona que eres y no quiere cambiarte a la idea que otra persona tiene de ti. Una de las necesidades del corazón humano más profundas es la necesidad de ser valorado. Todos desean ser aceptados por lo que son. Nada en la historia humana ha tenido efectos tan desastrosos y duraderos como la experiencia de no ser aceptado. Cuando no soy aceptado, entonces algo en mi se rompe. Un bebé no aceptado esta arruinado en la etapa de semilla de su existencia. Todos tienen derecho en su vida a amor incondicional. En la vida intrauterina, el bebé necesita sentir y vivir esto a través de su madre. Que maravilloso es vivir toda esa experiencia nuevamente en una sesión de terapia cuando alguien tiene la aceptación en el vientre de su madre.

"Te apoyaré completamente y siempre estaré para ti sin importar que pase"

El amor incondicional es único y va más allá de cualquier duda, palabra o pensamiento. Cuando alguien te ama sin condiciones, lo sientes inmediatamente y la vida parece hermosa y estás completo. La seguridad de contar con el apoyo total de mis padres en mi vida me llevó a hacer cosas que nunca pensé que podría hacer. Me ayudó a tomar decisiones correctas incluso cuando no quedaba nada en mi vida y toqué fondo. Tu bebé necesita tu apoyo. Debes estar para él; hacerlo sentir amado en cada momento de su vida. Independientemente de si estás en estado de embarazo, o si él es un adulto, simplemente muéstrale y haz que viva tu apoyo incondicional tanto como sea posible. Es el mismo sentimiento de tener el apoyo de Dios en todo momento. La madre debe practicar los mismos patrones de pensamiento en su mente.

"Eres único y diferente a otros y acepto que viniste al mundo como eres"

El amor incondicional te acepta con errores porque equivocarse es parte del proceso hacia la evolución. Cada persona tiene el mismo derecho de creer, sentir, hacer y decir las cosas porque esa es su experiencia personal. Asimismo, los padres no deben imponer ideas en el bebé para que se vuelva alguien o haga algo que ellos desean que haga en la vida. Crea más presión, lo que después puede volverse un hoyo negro en su vida. Él vino a esta vida con su propio propósito y debe vivir sus propias experiencias. Acéptalo como es; como todos los demás, él/ella es única y diferente. Nunca puedo ser tú y tú nunca puedes ser yo, pero aun así podemos amarnos y respetarnos.

"No sé lo que es mejor para ti o lo que necesitas y en qué período de tiempo. Sólo tú sabes esto en tu corazón, y puedo sentir que mi corazón está conectado a tu corazón a través del amor"

El amor incondicional trae la comprensión de que hay diferentes formas de percibir y experimentar nuestro mundo, y que son válidas. Quizás en tu propia vida, hay quienes quieren que percibas la vida desde su punto de vista. Si tienes dificultades para vivir y comprender tus propias experiencias y dependes de ellas, entonces sufrirás de baja autoestima y carecerás de la capacidad para tomar decisiones. Además, puedes crear dependencia hacia otros y luego buscar su aprobación. ¿Quieres que tu bebé experimente esto?

"Estaré a tu lado completamente sin importar las ideas que tengas en y sobre la vida, para que vivas pacífica y cómodamente"

El amor incondicional es recibido en su forma natural. Evolucionará libremente en la manera que debe. El sentimiento de amor hacia alguien sin la necesidad de tener recompensa es diferente al sentimiento de cualquier otra forma de amor. Una madre no debe transmitir sus ideas sobre qué profesión su bebé debería ejercer; debe educada pero firmemente rechazar ideas y opiniones similares de otros. Muchos han sufrido cuando no se les permitió estudiar la profesión que querían en la vida y, en consecuencia, les ha afectado directa o indirectamente.

Al escuchar las opiniones de otros acerca de la profesión de tu bebé, una madre puede responder educadamente, "creo que deberíamos esperar a ver qué es lo que nuestro bebé quiere ser en el futuro y actuaremos acorde a esto". Después, puedes hablar con tu bebé para descartar las opiniones y guiarlo para que disfrute su tiempo en tu vientre.

"Destello divino, te doy la bienvenida porque sé que has venido a encontrar tu propia forma individual de relacionarte con el mundo"

El amor incondicional no tiene condiciones, no juzga y nunca se basa en resultados. En general, toda tu vida se vive con condiciones, juzgando a los demás y siempre preocupada por lograr metas y objetivos. Eso te lleva a vivir en un estado de estrés constante, que crea muchos patrones de pensamiento negativos. En el momento en que te vuelves consciente de tus pensamientos, te permites estar presente y vivir en libertad para ser tú mismo. La relación que creas con tu bebé en su vida intrauterina formará las bases de cómo se relacionará con el mundo. Es como aprender el idioma que usará para comunicarse con el mundo exterior.

"Es un compromiso que te vuelvas sólo lo que quieres ser y te apoyaré hasta que puedas levantarte por ti mismo"

El amor sin condiciones ayuda al bebé a vivir el sentimiento de su ser real. El apoyo constante de la madre a su bebé lo lleva a vivir su vida con confianza y a encontrar soluciones a sus problemas diarios. La educación parental para guiarlo con amor para que encuentre su propio camino es una de las tareas espirituales del amor incondicional. Él estará agradecido por todo y por todo el amor y cuidado, incluso cuando no estés. Puedo asegurarte esto con absoluta confianza porque vivo este sentimiento casi cada momento de mi vida.

"Sé que justo como yo te amo, seré amado porque cosecho lo que siembro"

¿Tuviste la libertad de volverte lo que querías ser? ¿O sientes arrepentimiento porque no pudiste perseguir tus deseos y sueños? El cariño que recibes de tus padres, lo transmitirás a tus hijos, y así el ciclo continúa. Hoy es tu oportunidad de tomar conciencia del vacío con el que viviste en tu infancia y buscar algún tipo de ayuda profesional para cambiar esos patrones negativos. ¿Lo harías por ti y tus hijos? Es tu decisión.

"Entiendo que para hacer cosas diferentes en formas diferentes necesitamos personas diferentes"

Todos somos diferentes por naturaleza, pero estamos conectados y dependemos los unos de los otros. Nuestros pensamientos, experiencias, imaginación y acciones nos han ayudado a llegar a donde estamos hoy. Creo que como madre puedes vivir la experiencia de demostrar respeto y comprensión hacia todas las religiones, para que algún día también podamos vivir y experimentar la comprensión humana completa. Las guerras libradas y la animosidad creada en nombre de la religión empezarían a desaparecer. El amor incondicional une, pero también separa. Nos une a respetar y vivir juntos; nos separa porque cada ser humano necesita su propio espacio y tiempo. En esta separación hay unidad y en la unidad hay separación. Diferentes nacionalidades, costumbres, religiones, creencias e idiomas son una bendición para nosotros y podemos aprender a aprovechar esta rica diversidad en nuestra vida diaria.

El amor incondicional te enseña qué madre tan abundante y maravillosa eres. El papel de la madre es uno de los más santificados desde el momento en que el bebé comienza a habitar el vientre.

Algunos pensamientos para considerar

1. Sé que Dios me ha elegido para ser tu madre y yo no puedo emitir juicios en las experiencias que tendrás. Este es sólo mi punto de vista y el tuyo puede ser diferente al mío porque sé que estás guiado por una consciencia infinita como la mía.

2. La necesidad es la base de nuestra existencia. Nuestras necesidades básicas consisten principalmente en comida, ropa, aire y refugio. Pero nuestra vida se vuelve inferior a los animales si no amamos y los demás no nos aman. La necesidad de amor es tan importante como la respiración y el agua. La falta de amor puede crear

problemas físicos y mentales, lo que crea una vida que no vale la pena vivir.

3. Las personas viven sus vidas basados en condiciones. Si mi esposa o esposo hace una cosa u otra, él o ella me ama. Si falta alguno o algunos de estos actos, entonces no te amo. No es necesario completar los requisitos del "Contrato de amor". El "formulario de amor" no debe contener todos los documentos necesarios para que puedas experimentar el amor con éxito. El fallar en dar alguno de los documentos puede atrasar la aceptación o aprobación de la aplicación. Sin excepciones. ¿A esto se le puede llamar amor?

4. El amor incondicional no promete nada y promete todo al mismo tiempo. Aunque no puedo predecir mi comportamiento y asegurar mi control sobre las cosas, siempre puedo aceptarte y amarte más allá de todo y de todos. Así es como recibimos el amor de Dios. Incluso mucho antes de los momentos en que llega tu espíritu durante la unión espiritual de la célula de la madre con la del padre, te conozco. Lo he sabido todo sobre ti, ahora y siempre. Siempre te he aceptado y al mismo tiempo siempre te he amado incondi-cionalmente, como eres, piensas, te comportas, reaccionas, lloras, sonríes, te relajas, duermes, trabajas, te sientes bien o mal, pase lo que pase, siempre te he amado y siempre estoy ahí para ti a cualquier hora, en cualquier momento y en cualquier lugar.

5. El amor incondicional nos enseña a ser aquí y ahora. Vivir en el presente es tan importante como respirar. El pasado ya no se puede cambiar ni controlar y el futuro es incierto. Vivir en este mismo momento y sentir la emoción o celebración del amor incondicional es una experiencia espiritual divina más allá de la dualidad. Esta es la experiencia de Dios amándonos.

6. El amor incondicional se basa en el sentido de vivir y amar. No hay necesidad de pensar en ello o hablar de ello. El amor no puede ser escrito, leído, hablado ni aprendido. Esta ahí, dentro de ti esperando a salir – como un bebé esperando a nacer para conocer a sus padres. No hay necesidad del permiso de nadie. No hay necesidad de que alguien te guíe o te permita amar. Sólo amate y guíate tú mismo. Sólo hazlo.

7. El amor incondicional es un entendimiento. Es una comprensión del yo y de todos los que te rodean. Cuando te amas a ti mismo, entonces puedes comprenderte a ti mismo. Cuando te comprendes a ti mismo, también puedes comprender a los demás. Cuando comprendes a los demás, también puedes amarte a ti mismo. No hay discusión en el amor. Es un ciclo repetitivo, amoroso y comprensivo. Es una acción continua de la vida.

8. El amor incondicional no tiene límites. Cuando pones límites en el amor, dejas paso a la duda. El miedo a perder amor se vuelve predominante y tu ciclo contínuo no para, o al menos, no completa su revolución. En este momento se requiere meditación. Se requiere meditación para comprender el obstáculo. Hay algo nuevo que experimentar y una vez que te das cuenta de ello, comprendes cómo lidiar con el obstáculo. Así es como creces espiritualmente.

9. El amor incondicional es la conciencia de amar a un ser humano. Amarte, amar a tu familia, tus vecinos, a tu ciudad, a tu país y a tu planeta y a todos y todo. Esto nos muestra el camino a amar a Dios y a su creación.

10. Nos enseña a compartir con otros sin condiciones. Todo tiene un final. Nada es permanente. Incluso la vida no es permanente. Necesitas amar aquí y ahora. Este es el único momento disponible para amar. No hay negro, ni blanco ni gris. No hay un mañana y no hubo un ayer. Sólo hay amor. El amor incondicional ama a todo y todos por igual. Su única naturaleza es amar y amar. Todo nace del amor. Esto es "Dios amándonos y nosotros amando a Dios".

No hay tal cosa como una mala madre,
sin ella no estaríamos aquí hoy.
Atul Mehra

Capítulo 6
"Mamá, estoy en tu vientre"
El Primer Botón

Las bases de nuestra seguridad y existencia dependen del amor, aceptación y apego que sentimos en nuestra vida intrauterina; esto forma las bases de nuestra existencia y de una vida balanceada. Las características físicas y mentales son transferidas de los padres a los hijos en la forma de información biológica y emocional, incluyendo deseos, inspiración, miedos, felicidad, frustración, expectativas, etc. Sin embargo, no hay tal cosa como aceptación al 100%, tampoco una insuficiencia al 100% en la vida de una persona. Escondido bajo una máscara neurótica siempre hay una saludable pero no reconocida parte del ser.

Las bases de nuestra vida se crean en el proceso intrauterino vivido por nosotros durante los nueve meses de gestación. El desarrollo de nuestros dieciocho sentidos es sólo el comienzo, y nuestras experiencias en el vientre materno determinan nuestro futuro. Toda la información en cada segundo está siendo registrada. Todas las experiencias vividas por la madre las vive también el bebé. Esas experiencias, independientemente de si son buenas o malas, ahora son una forma natural de conectarse con la madre. En su vida futura, el bebé necesita vivir o atraer las mismas situaciones que experimentó durante su vida intrauterina porque esta es ahora su forma inconsciente de conectarse con su madre.

Durante momentos difíciles donde tanto la madre como el bebé sienten el dolor del rechazo, culpa o abandono, la madre puede entender y racionalizar estos sentimientos; sin embargo, el bebé no puede entender la naturaleza de lo que está experimentando. Todavía no tiene un cerebro racional para captar el significado de sus sentimientos. El niño vive en un estado de hipnosis profunda durante los primeros tres años de su vida. El desarrollo de la mente lógico-analítica comienza más tarde que eso. Estas dolorosas experiencias intrauterinas pueden ser transformadas y expresadas más adelante como un sentimiento de no valer nada, culpa, búsqueda de atención, complacer a otro o falta de amor propio.

Werner Meinhold descubrió y nombró a la vida intrauterina como la *"fase simbiótica"*. Él explica la fase simbiótica como la base de una casa en donde construiremos un edificio en lo que sigue en nuestras vidas. Para entender esto de una forma más amplia, usaré un ejemplo del famoso poeta alemán Goethe quien, en uno de sus poemas, dijo, "si el primer botón de la camisa se coloca en un ojal equivocado entonces todos los otros botones estarán mal colocados ". Si un bebé experimenta situaciones continuas de amor condicional, rechazo y circunstancias que amenazan su vida en su vida intrauterina, entonces es más probable que en su vida sufra más oposición que aquellos que han experimentado situaciones más agradables.

La concepción sucede antes que la simbiosis. El estado de conciencia es un estado muy profundo de hipnosis. La unión de la madre y el padre puede ser percibida incluyendo aceptación y rechazo al mismo tiempo. Para aceptarme necesito aceptar a mis padres como son, sin esperar cambiarlos. Durante algunas sesiones de terapia, algunos de mis clientes experimentan momentos de su fase de concepción, lo que les permite "ver" a sus padres manteniendo relaciones sexuales. Aunque no mostraron ningún interés en esta actividad, esperaron ansiosamente por la unificación del óvulo con el esperma para poder dar a luz. Fueron capaces de percibir las emociones vividas por sus padres, ya sea ansiedad, violencia o amor, aceptación, etc.

De acuerdo con Meinhold, la fase simbiótica comienza poco después de la concepción y se integra lentamente con el comienzo de la "fase oral" que comienza después de dar a luz. Todo lo que necesitamos, queremos alcanzar o deseamos se reduce a una conexión de amor. En la superficie, esto parece muy simple, pero es extraordinariamente difícil porque no es sólo una falta de amor, sino un esfuerzo contínuo hacia el amor total e incondicional que buscamos desde el momento en que nacemos. Vivir una vida intrauterina incompleta significa no poder vivir e integrar condiciones saludables de aceptación. Esto puede provocar alteraciones físicas y psicológicas. La experiencia de ser aceptado o amado sin condiciones establece una seguridad existencial básica. Toda vida tiene derecho a existir por el mero hecho de ser. Generalmente, esto no lo vivimos bien y, por lo tanto, no establecemos con firmeza la seguridad en la vida o un estado del ser que nos lleve a la aceptación incondicional. La falta de aceptación, consciente o subconsciente, crea deficiencias y ansiedades que luego se transmutan en condiciones de vida futuras. Una madre que transmite su ansiedad al bebé lo ha aprendido de su madre. En estas condiciones, cualquier terapia de sonido no generaría culpa ni cambiaría condiciones pasadas; en su lugar, buscaría guiar al cliente hacia la aceptación con un entendimiento holístico.

Durante el período de comienzo las células se multiplican a una velocidad aturdidora y dramática, organizándose para formar un largo y complicado sistema humano. El período más productivo ocurre durante los primeros dos meses de gestación cuando un ser humano miniatura es formado. Este es el fin de la etapa embrionaria y el comienzo de la etapa del feto, que continúa creciendo a un ritmo lento. El estrés emocional del feto durante este período genera un historial de reacciones memorizadas por el resto de su vida. Como ser humano en desarrollo, crea las conexiones neuronales específicas entre el origen de sus reacciones y los eventos futuros, que se fortalecerá lenta pero contínuamente.

Investigaciones han mostrado que la depresión y los miedos intrauterinos crean ciertas alteraciones en el sistema inmunológico, las sinapsis y los receptores de neurotransmisores, y en algunos casos dentro de la estructura del cerebro. La corteza cerebral del bebé es más gruesa y está mejor equipada para aprender más rápido y tiene una inteligencia muy desarrollada si su madre fue privilegiada como para vivir en un ambiente saludable donde la calma, jugar, cantar y las caricias prevalecieron.

Las experiencias recolectadas durante traumas emocionales persisten de una forma permanente y puede afectar a las células y sus funciones. Se mantienen escondidos en el sistema límbico – el almacén de nuestra memoria arcaica emocional. Esta área no es naturalmente accesible para nuestra consciencia desarrollada. Estas impresiones almacenadas son responsables de múltiples alteraciones dentro de nuestras secreciones hormonales e inmunes. Los sucesos estresantes estimulan estas carencias simbólicas, creando malestar físico y mental, depresión o incluso enfermedades.

Las ansiedades básicas que surgen del rechazo aseguran que estas partes rechazadas de la personalidad sean arraigadas y suprimidas en el inconsciente. Aquí residen y se convierten en las raíces de una enfermedad psicosomática autodestructiva y auto hiriente. Las partes "malas" o deficientes de la personalidad pueden convertirse en una enfermedad maligna. La enfermedad es a la vez expresión del trauma y de la seguridad de la existencia (ser) a través de la cual la persona se expresa. Insistir en eliminar estas partes deficientes de la personalidad podría causar neoplasias a través de metástasis mórbidas. Cuando se altera la fase simbiótica, no podemos percibir la vida como una expresión de la esencia, y, por lo tanto, existe con pleno derecho y seguridad por sí misma.

Una gran parte de las enfermedades y alteraciones que parecen estar relacionados a uno más que a otro en períodos tempranos del desarrollo tienen su origen (o el primer ojal de botón) en la fase simbiótica. La fase en la que generalmente se encuentra la perturbación muestra la intención de compensar la falta de seguridad existencial básica. Si el bebé no sintió la experiencia de aceptación inicial empleará el resto de su vida para suplir esta carencia, pero como este no es el ojal respectivo a ese botón, nunca resolverá la sensación de no haberlo recibido en su debido momento. Por ejemplo, aunque puedo hacerlo todo, nunca estoy satisfecho.

Si los momentos del nacimiento son problemáticos entonces

significa que ya había problemas en la fase simbiótica. Si hay un parto prematuro o si el bebé no quiere nacer en ese momento entonces hay una razón detrás de esto.

Durante mi investigación, me encontré con dos extractos hermosos que describían la fase simbiótica y tomaré esta oportunidad para compartirlo contigo. Ambos conectaron con mis propias experiencias con la vida intrauterina y también revelan que diferentes experiencias en diferentes momentos con diferentes personas pueden llevarnos a los mismos resultados. Lo que realmente me gusta de la explicación del Dr. Liley de la vida intrauterina es que se basa en su creencia subyacente en el feto como un ser completo desde el primer momento y en todos los procesos naturales que ocurren en el útero de la madre. Acepto y concuerdo completamente basado en mi conocimiento y experiencia. Él claramente explica el sentido del ser, el sentido de movimiento y el sentido de libertad.

El Dr. William A. Liley, también conocido como el "Padre de la Fetología", describió así la fase intrauterina:

"El individuo joven, al mando de su entorno y destino con un propósito tenaz, se implanta en la pared esponjosa o endometrial del útero y, con una increíble muestra de poder psicológico, suprime el período menstrual de la madre. Este será su hogar por los próximos 270 días y para hacerlo habitable, el embrión desarrolla placenta y una cápsula de fluido amniótico protector. Sabemos que el feto siempre se mueve en su mundo exuberante y que la comodidad del feto determina su posición. Responde al dolor y al tacto, al frío, al sonido y a la luz. Se alimenta con su líquido amniótico; absorbe más si está artificialmente endulzado y menos cantidad si no le gusta el sabor. Solloza y se chupa el pulgar. Se despierta y duerme. No le gustan las señales repetitivas, pero se le puede enseñar a distinguir dos señales sucesivas. Y, finalmente, determina el día de su nacimiento, porque, sin duda alguna, el inicio del parto es una decisión unilateral del nonato. Este es el feto que conocemos, y un día cada uno de nosotros lo fuimos. Este es el feto que vemos en la obstetricia moderna, el mismo bebé que

cuidamos antes y después del embarazo y antes de ver la luz del día puede enfermarse y necesita un diagnóstico y tratamiento como cualquier otro paciente".

El segundo es una carta escrita por Claude Imbert para futuros padres, que ilustra los principios del amor y la aceptación incondicional…

"Nosotros los bebés necesitamos que la concepción esté enfocada en nuestro bien y nuestra armonía. Para que recibamos la opción de la vida, además de pensar en nosotros como embriones o fetos, piensen que somos concebidos para nosotros en el mejor tiempo y amor disponible, deseados y esperados sin ninguna condición".

"Somos creados en el vientre de nuestra madre por la fusión de un óvulo y un esperma, al mismo tiempo en su mente y especialmente en su corazón. Es esta energía amorosa la que nos alimenta y sostiene mucho más allá del cordón umbilical, proporcionándonos los nutrientes que nuestro cuerpo necesita para crecer. Este es un canal virtual, uno tan fuerte que puede entregar amor a cada célula, al núcleo mismo de nuestro ser para que podamos completar nuestro desarrollo".

"En el momento de nuestra creación, esperamos recibir amor y sabiduría. Como si todo nuestro futuro dependiera de esto, todos nuestros pensamientos, acciones y reacciones de nuestra futura vida se centran en la presencia de este amor. Nos da una fuerza incalculable, nos hace poderosos por dentro y nos permite mover montañas en el futuro. Lo que nos parecen obstáculos insuperables, desánimos, tristezas, sentimientos de incapacidad, miedos de todo tipo, ahora serán entendidos y resueltos".

"Todo es posible con esta poderosa fuerza de amor. Esto es lo que esperamos de ustedes, si eligen ser los actores que permitan nuestra creación. Esperamos que la semilla sea implantada no sólo en el vientre de las madres, sino también en sus mentes y especialmente en sus corazones. Esperamos que tus características cambien cuando se vuelvan padres, y al mismo tiempo permitas las circunstancias para evolucionar cuando entremos a este mundo".

Considero a ambas como la obra maestra clásica para nuestro conocimiento y progreso.

Ahora yendo más allá de la percepción materialista de la vida intrauterina, considero que la vida del bebé en sí es un ciclo completo en el período intrauterino. Él vive una vida humana completa durante el embarazo. Decide estar en el útero de la madre. Comienza a despertarse lentamente y desarrolla órganos que luego serán indispensables para él. Es un momento feliz para el embrión ya que la forma simple de una crisálida se extiende a su alrededor, la membrana que le sirve de protección y el líquido que lo envuelve y alimenta. Vive libremente y recoge la sabiduría natural del aprendizaje, que luego determinará la forma de su cuerpo y las características únicas de su rostro. Esta fase es conocida como la infancia bendecida del embrión.

Inmediatamente después de la adolescencia del feto, la forma humana es perfeccionada y el sexo es determinado. La placenta que es el cuerpo externo del feto siente que una fuerza desconocida crece dentro de ella y su propósito es romperla y escapar. Su cerebro refleja el de su madre como un espejo. Para entonces, la madre es para el bebé lo que Dios es para nosotros, por ejemplo, una entidad desconocida e invisible. La madre es como Dios para el bebé que crece en su útero. El embrión la cuida, vive gracias a ella, pero no puede verla ni parece comprenderla. Si pudiera filosofar, posiblemente negaría la existencia personal y la inteligencia de su madre. Hasta ese punto, el vientre de su madre es una prisión letal y el objeto de su percepción.

Después viene la fase adulta del bebé donde las partes del cuerpo se desarrollan y su inteligencia y consciencia están en su máximo nivel en lo que concierne a la vida intrauterina. Él reacciona a los momentos suaves y dolorosos de sus entornos y comienza a recabar información y experiencias a través de las partes de su cuerpo y emociones. Él vive en comunicación con su madre y las experiencias de todos y todo a través de ella.

Poco a poco, esta unión le causa incomodidad y se mueve, sufre, se siente atormentado y siente que su vida acabará. Cuando se ve abrumado por la máxima angustia y temores, sus ataduras se desatan y siente como si estuviera cayendo al abismo de lo desconocido. De repente, siente sensaciones dolorosas que lo hacen estremecer. Un frío extraño entra en su espacio e inhala su último aliento en el útero. Cuando exhala este aliento, se transforma en su primer llanto de recién nacido. La vida intrauterina se transforma en vida humana.

Capítulo 7
Comunicación entre Mamá y Bebé

Dejé la India a los 20 años para viajar y explorar el mundo. Recuerdo haber recibido una carta de mi familia después de meses de espera y luego haberla leído tantas veces como me fue posible. La llevé en mi bolsillo durante días y sentí el amor, la conexión, la calidez y el apoyo emocional que me permitió superar los desafíos que luego enfrenté en varios países extranjeros. Incluso hoy en día siento nostalgia por esos recuerdos.

Sentí una conexión telepática con mi familia y con aquellos cercanos a mí. Todavía me sorprende hasta el día de hoy cuando experimento las sensaciones y la información más allá de los límites del tiempo y la distancia. En algún momento desearía volver a esos momentos y sentir y vivir esas sensaciones al máximo.

Estoy seguro de que muchos de ustedes han vivido momentos similares en sus vidas y esos recuerdos los llevan de vuelta a esos momentos. Mientras escribo esto, también recuerdo las letras de las canciones que aún crean un sentimiento de nostalgia; en la India, había actuado en una ópera llamada "Joseph y el Asombroso Abrigo de los Sueños Technicolor" y canté "Esos días de Canaán que solíamos conocer, ¿a dónde se fueron, a dónde se fueron? Eh bien, alcen sus boinas a esos días de Canaán ".

El sentido de conexión está asociado con estos recuerdos y una simple idea o el imaginar partes de éstos, desencadena la sensación de calidez, amor y aceptación. Esta es la experiencia de comunicación que se mantendrá conmigo para siempre. Desafortunadamente, los celulares y otros aparatos electrónicos están destruyendo lentamente nuestro órgano receptor responsable de esta clase de comunicación, la glándula pineal.

Cuando regreso al momento presente, comienzo a preguntarme, "¿Qué sucedió? ¿Por qué me siento diferente? ¿Por qué no tengo las mismas sensaciones intensas de cuando recibí el mensaje o hablé con ellos?" De hecho, nos hemos habituado y dependido tanto de la tecnología moderna que hemos comenzado a actuar como autómatas. Ahora hay menos comunicación porque la gente se está aislando socialmente. No quiero desviarme del tema, además todos ustedes conocen muy bien este tema moderno. Sin embargo, ahora sabemos que no sólo indudablemente nos afectan, sino también el hecho de que pueden impactar el futuro de un bebé por el resto de su vida. Esto es al extremo donde la mayoría de los alineamientos físicos y psicológicos de un adulto pueden tener su origen en algo que ocurrió cuando estaba en el vientre de su madre.

Si le pido a alguien en el momento presente nombrarme diferentes tipos de comunicación que existen, probablemente me respondería en términos materialistas "4" y los primeros serían escritos como lo son revistas, libros, correos electrónicos, cartas, etc. El segundo sería oral, que consiste en hablar y escuchar. La tercera sería la no verbal que está relacionada con los gestos corporales y, finalmente, la comunicación visual que es todo lo que nuestros ojos físicos pueden ver. Pero ciertamente agregaría la comunicación *telepática* o *directa* a esa lista. Significa que el bebé está absorbiendo directamente cualquier forma de comunicación que llegue a la madre.

Años atrás, un cliente vino a mí en su búsqueda para perder peso. Ella había hecho de todo: dieta, ejercicio, tomar cápsulas para perder peso, pero nada funcionaba. Tenía una cicatriz larga que era como una línea en su mejilla. Explicó que nació con una gran mancha negra en la cara que la hizo sentir incómoda durante toda su infancia. Tenía baja autoestima y no se aceptaba a sí misma. Esto resultó en un ambiente insalubre para crecer. Cuando se convirtió en adulta, se sometió a una operación para eliminar la mancha negra, pero desafortunadamente, la cicatriz larga permaneció en su rostro. Ella vino a la sesión con su hermana que era 5 años mayor que ella. Durante la sesión accedió al recuerdo de estar en el vientre de su madre y descubrió que cuando tenía aproximadamente 3 meses de edad, su madre fue a ver a una señora que reveló que su muslo tenía una mancha muy desagradable. Su madre se sintió disgustada y asqueada.

Esta cliente describió, "Estoy asustada, mi madre se siente muy mal, mis manos y mis pies son pequeños, no puedo tener esa mancha, pero mi rostro es más grande". Ese fue el momento en el que la mancha maligna se formó en su cara y la llevó por mucho tiempo incluso antes de su nacimiento. Además, reveló la conexión entre no perder peso y esta experiencia. Luego de terminar la sesión cuando compartió su experiencia con su hermana, lo confirmó: "Sí, lo recuerdo cuando tenía 5 años. Yo estaba con mamá y después de eso mamá se sintió enferma y vomitó". Luego fueron a ver a esa dama como si una especie de secreto se revelara en su vida. Hasta el día de hoy, todavía tengo curiosidad por saber qué sucedió exactamente y cómo se formó esa mancha. No pude hacer más sesiones para preguntar más porque estuve sólo por un tiempo. Pensé en compartirlo contigo para que pudieras entender y ser consciente del papel que juega la comunicación en el embarazo.

Para hacer este tema más entendible, simplemente dividiré el tema de la comunicación mamá-bebé durante el embarazo en dos categorías: comunicación **consciente** y **no consciente**.

La comunicación consciente consiste en todo lo que hace la madre conscientemente durante el embarazo. Durante esta comunicación se comunica con el bebé de forma saludable, por medio del canto, el habla, amando y aceptando a su bebé con la participación del padre. En la segunda categoría de comunicación consciente, pero no saludable se encuentran cosas como rechazar al bebé, crear condiciones acerca de su género, beber/fumar o usar drogas recreacionales comunes.

La comunicación inconsciente consiste en lo que pasa debajo de la superficie y de lo que la madre no está consciente. Puede incluir embarazos previos saludables o no saludables, vínculos amorosos o discusiones con el esposo, tener miedo al ver películas de terror o reírse de comedias, conversaciones condicionales o incondicionales sobre embarazos, o cualquier pensamiento, imaginación, percepción con emociones fuertes adjuntas a ellos también pueden influir el desarrollo del bebé. El bebé se comunica a través de patadas y movimientos. Por ejemplo, cuando su madre canta o le gusta un tipo de música en particular, puede mover o patear a la madre suavemente, pero cuando está expuesto a un ruido fuerte o un evento desagradable, puede rebelarse contra él con una serie de patadas dolorosas o movimientos fuertes y dolorosos. Recuerdo cuando mi segunda hija estaba en el vientre de su madre, le pregunté qué película quería ver y después de mencionar la primera, se movió suavemente pero también se movió cuando pregunté sobre la segunda. Creo que la película era irrelevante para ella mientras la tomaran en consideración y supiera que era parte de un evento familiar; este es el camino para sentirse amado y aceptado.

Podría haber escrito muchos detalles complejos acerca del tema, pero la idea es mantenerlo tan simple como sea posible. Para entenderlo de forma más sencilla me gustaría compartir un ejemplo. Cuando te levantas temprano en la mañana y dices: "Hoy va a ser un día excelente". ¿Qué crees que pasará? ¿Y si dices: "Hoy va a ser un día terrible y horrible"? ¿Qué crees que sucederá? Atraemos eventos buenos o malos basados en la calidad de nuestras ideas o pensamientos. Si mantenemos una actitud positiva, podremos manejar los eventos negativos de una mejor manera. Un pensamiento positivo no es suficiente, pero un proceso positivo contínuo sí lo es. Creo que ya hay tanta información disponible en este libro que es suficiente para considerar y comprender muchas cosas sobre la comunicación. Siempre digo, "La vida es simple, no la hagas complicada y además el embarazo es simple; simplemente disfrútalo, sé positivo, acepta a tu bebé, ríe, cuida tu salud y usa el sentido común. Todo estará bien. No te preocupes por nada porque la ansiedad atrae". Meinhold dice que la ansiedad y el deseo son lo mismo. Si tienes ansiedad de que esto pueda suceder, entonces deseas que esto suceda. El embarazo debe ser una celebración de una nueva vida y no debe considerarse una tortura. Si las circunstancias en tu vida son menos que satisfactorias, entonces por favor pospón tus planes de tener un bebé. Si no estas listo entonces significa que no estás listo y es tan simple como eso.

Lo que afecta tu salud también afecta la salud del bebé. Cuando algo te hace sentir bien y deseado, el bebé también lo siente y vive. Eres tú el capitán del barco "embarazo" y puedes navegar hacia aguas tranquilas o puedes irte hacia mares tormentosos. Es tu elección. Esto no es ciencia espacial; de hecho, es muy sencillo y directo. Las drogas, el tabaco, el alcohol, la depresión, las discusiones, las peleas, los malestares y las emociones negativas no son buenos para la salud en general, especialmente durante el embarazo.

En el bebé yace el futuro del mundo.
La madre debe sostener a su bebé cerca
para que el bebé sepa que es su mundo,
pero el padre debe llevarlo a la colina más
alta para que vea como es el mundo.
Proverbio Maya

Capítulo 8
"Papá también me ama"
El papel del Padre

Osho alguna vez dijo que cuando nace un bebé, también nace una madre. Afirmaría firmemente que cuando nace un bebé, no sólo nace una madre, sino también un padre. Aunque es la madre quien lleva al bebé durante nueve meses, la participación activa del padre en el proceso desde la preconcepción en adelante es de igual importancia y valor. Las visitas regulares del padre al médico con la madre y su presencia durante el momento del parto contribuyen en gran medida a ayudar a construir un embarazo saludable. Estas conexiones forjan con el bebé durante el embarazo convirtiéndose en el plano del resto de su vida.

Leí algo alguna vez y lo parafrasearé aquí: "El mundo puede vivir sin un padre, pero no puede vivir sin una madre. Padre es una obligación social que debemos llevar". Durante años esta declaración me persiguió, dejándome confundido y agobiado por la culpa: como futuro padre, ¿me percibirían simplemente como una obligación social y nada más? En mi propia experiencia, mi padre era mi maestro, mi guía y mucho más. Esa declaración creó una perturbación subconsciente dentro de mí, afectando indirectamente a una parte integral de mí. Cada vez que veía a un padre disciplinar a sus hijos, me volvía muy consciente de mi sensibilidad hacia su papel como padre y juzgaba que no era la forma correcta de tratar a los niños. Claramente, estaba bajo la influencia de mis interpretaciones y pensamientos defectuosos que surgieron de esa declaración mencionada anteriormente. Quizás guiado a un nivel subconsciente, años más tarde, iba a experimentar el papel de un padre cuando nació nuestra primera bebé. Fue ahí cuando me di cuenta de que un padre no es una obligación social; sino que ocupa un lugar muy especial en la vida del bebé. El bebé puede sentir la ausencia o presencia de su padre mientras está en el vientre materno, un sentimiento que impacta profundamente su vida. Durante todo el proceso de terapia de mi vida a través de la terapia Integral de Psicología Profunda bajo hipnosis, pasé por esta increíble experiencia al sentir la presencia de mi padre y su amor mientras estaba en el vientre de mi madre. Esos lazos inconscientes con mis padres se volvieron más conscientes y me ayudaron a eliminar la carga de ansiedades, miedos y preconcepciones que podrían haberme llevado fácilmente al divorcio, la insatisfacción y la mala salud mental. En su lugar, estas experiencias me liberaron para recibir y procesar la información para poder vivir mi vida más libremente.

No podemos amarnos en partes; debemos aceptar todo nuestro cuerpo para estar completos. De forma similar, un bebé está incompleto sin su padre y madre. Un bebé adquiere ADN de sus dos padres. Aunque es un ser humano único y separado, un bebé hereda los rasgos genéticos de sus padres que quedan impregnados en los rasgos de su personalidad. Si existe una aceptación condicional, esas partes no se reconocen y, tarde o temprano, se expresan a través de un trastorno o una enfermedad. Sin embargo, esto todavía se considera una expresión saludable desde el punto de vista del cuerpo. El cuerpo humano tiene la sabiduría innata para buscar y crear no solo un síntoma, sino también para curarlo por completo. La forma de resolver este problema depende de encontrar la vía terapéutica correcta. Desafortunadamente, muchas veces existen circunstancias donde un bebé es abandonado por la razón que sea. El padre no pudo estar con el bebé por cualquier razón y por lo tanto estuvo ausente en su vida. El bebé siente una gran sensación de miedo, abandono y soledad, que puede manifestarse más adelante en la vida de manera similar cuando vive separado de sus propios hijos. Terapéuticamente, estos problemas se pueden resolver, sin embargo, en algunos casos puede llevar un poco más de tiempo.

Hay situaciones donde el padre no reconoce o ve a su hijo. Con el tiempo, el hijo crea una conexión telepática con su padre y toma sus rasgos de personalidad. Habrás escuchado a alguien decir: "Eres igual a tu padre, incluso si nunca lo has conocido"

En ocasiones cuando la madre tiene problemas con el padre, ella piensa o habla mal de él. Esta información es retenida por el bebé y puede afectar su vida indirectamente. Puede ocurrir durante el embarazo o incluso durante la infancia temprana. El bebé no es responsable de los problemas entre su mamá y su papá. Al presenciar discusiones entre mamá y papá, ya sea durante el embarazo o en la niñez, un bebé puede responsabilizarse de ellas y sentirse obligado a tomar partido. En particular, mientras esté in vitro, el bebé seguramente se sentirá igual que su madre, creando una resistencia psicológica a aceptar completamente al padre.

No podemos ignorar el rol del padre durante el embarazo. ¿Recuerdas esos momentos en el pasado cuando tu padre iba a la sala de bebés para esperar mientras la enfermera atendía el parto? En algunas partes del mundo existe la creencia persistente de que el padre no puede estar presente en la sala de partos porque podría transmitir algún tipo de infección que podría ser perjudicial para el bebé. No puedo juzgar esta creencia o práctica porque la he experimentado. Durante el nacimiento de mi primera hija, decidí estar con mi esposa cuando se le rompió la fuente. Trabajamos en equipo para controlar su dolor de parto mediante ejercicios de respiración. Recuerdo que me puse un abrigo blanco médico, una cubierta para la cabeza, una cubierta para la boca y zapatos para no transmitir gérmenes o infecciones que pudieran poner en riesgo la salud del bebé. El ginecólogo se cubrió de manera similar. Todavía puedo sentir esas hermosas y cálidas sensaciones cuando vi por primera vez a mi hija. Después de cortar el cordón umbilical, el doctor me mostró la placenta ensangrentada y comentó con humor que yo podría estar demasiado asustado para ver la sangre. En su lugar, respondí con humorismo "Tienes que llevarla a casa contigo y ponerla en la entrada principal para que ningún vampiro se atreva a entrar". Reímos y después le aseguré a mi hija recién nacida que todo estaba bien y que la llevaríamos a un lugar por un período corto de tiempo pero que regresaría con nosotros nuevamente.

Ahora, en otras instituciones médicas las personas han visto este intercambio como una locura; sin embargo, nuestro ginecólogo era de mente muy abierta y sabía de mi trabajo en el campo de la psicología. Sabía que mi preocupación era que mi hija no sintiera ningún tipo de miedo a la separación. Todavía recuerdo vívidamente esos tiernos momentos cuando la seguí fuera de esa habitación mientras la enfermera la colocaba detrás de una gran pared de vidrio. Me acerqué a la pared y emití los mismos sonidos que cuando ella estaba en el útero. Cuando la llamé por su nombre, movió la cabeza para mirarme e inmediatamente sentí como si fuera el momento más milagroso de mi vida. Fue un sentimiento tan divino que incluso mientras escribo estas líneas, siento que mis ojos se llenan de lágrimas. ¿A quién no le gustaría experimentar estos preciados momentos en su vida?

Mi segunda hija nació en Canadá, pero esta vez no se me pidió usar ningún tipo de protección. Su nacimiento fue sencillo. Al ser la segunda vez, estaba mejor preparado para el proceso. Estuve respetuosamente de acuerdo con todas las cosas que los médicos nos aconsejaban que hiciéramos durante el embarazo, sin embargo, discretamente hice todo lo que sabía hacer para evitar complicaciones en el parto. Durante todo este tiempo, permanecí sincronizado con mi hija. El médico sugirió que mi esposa se sometiera a una cirugía si no daba a luz al bebé a la hora prevista. Estaba tan seguro de mi experiencia que decidí esperar hasta los próximos dos días como sugirió la aplicación de embarazo (la aplicación móvil sugirió la fecha 17 para su nacimiento ya que yo también nací el 17 y mi interés en la numerología hizo que me gustara la idea y también discutimos muchas veces la misma fecha durante el embarazo y supe que mi hija estaba escuchando). Mi esposa sintió dolores de parto, y me quede con ella hasta que fue tiempo de que naciera la bebé. Estoy seguro de que estuvo consciente de su nacimiento, ya que no lloró durante algún tiempo. Hay un simbolismo muy profundo relacionado con el primer llanto del bebé. Los médicos dicen que los bebés lloran inmediatamente después del nacimiento porque les ayuda a respirar a los pulmones. En psicología profunda sabemos que toda separación es dolorosa. Un bebé llora porque se separa de su madre. En el catolicismo, el pecado del hombre resulta en la separación de Dios.

Sabía que compartíamos una comunicación telepática, así que cuando la enfermera me compartió la información sobre el llanto, me sentí mejor que si hubiera llorado, ¡y momentos después comenzó a llorar! Durante el tiempo in vitro de mi segunda hija, experimenté muchos recuerdos y emociones de mi propia conexión profunda. Me considero muy afortunado de haber tenido estas benditas y maravillosas experiencias con mis hijas. Nunca dejaría de recordarles a los demás que no se pierdan esta oportunidad única en la vida.

El descubrimiento del poder paternal fue muy revelador. La intención del padre también tiene un gran impacto en la intención del bebé de vivir y desarrollarse. La principal emoción que se debe sentir aquí por el bebé es que tanto mamá como papá lo desean y lo quieren. Me comuniqué con mis dos hijas durante los embarazos de mi esposa y les aseguré de vez en cuando que todo estaba bien, y más aún durante los momentos en que discutíamos sobre algún problema vago en nuestro hogar. Ambas escucharon mi voz durante y después del embarazo, guiándolas hasta que se dieron cuenta de sí mismas. Recuerdo con frecuencia los consejos que mi propio padre solía impartirme en forma de rimas cuando era bastante joven. Después, estas canciones de consejo me ayudaron en mis viajes a través del país y me sirvieron para inspirarme y sostenerme a través de obstáculos difíciles, como el tiempo en que mis documentos y dinero fueron robados y tuve que encarar dificultades.

Desde el momento en que exploras tu deseo de tener un bebé, tienes la oportunidad de crear conciencia de que ser feliz y estar presente con tu pareja creará las condiciones de un embarazo saludable. La calidez del contacto físico y los afectos del corazón, la suave intimidad sexual, las tiernas expresiones de amor y otras formas de aceptación incondicional son todas claves para la buena salud de un bebé.

También debemos tomar en consideración las experiencias prenatales y perinatales de los padres. Si sus padres sufrieron una perturbación como un aborto espontáneo o cualquier otra experiencia traumática durante su embarazo, entonces inconscientemente infunden al bebé con estos temores. Recomendaría ampliamente una o dos sesiones de terapia para superarlo.

Puede que no estés convencido pero los doctores también juegan un papel importante en el embarazo. Tienen una obligación moral para con sus pacientes en el sentido de que deben tener cuidado de seleccionar y utilizar las palabras con cuidado para que el bebé no se sienta rechazado o amenazado. Hoy en día, muchos médicos comprenden este importante punto, pero muchos siguen ignorando las dificultades causadas por una palabra o un comentario descuidado. En un capítulo futuro, compartiré "Cómo creé mi propio milagro en mi vida". Este es el caso de un cliente cuyo tumor se desintegró después de terapia. Interesantemente, las semillas del tumor se implantaron en el vientre de la madre.

Ahora sabemos que el papel del padre, de la madre y del doctor juega un papel importante en el embarazo y en el parto. Entonces, ¿Cuál es el rol de los demás a tu alrededor -hermanos, abuelos, tíos y tías? Bueno, ellos también tienen una responsabilidad porque influencian directamente el desarrollo del bebé.

Para intentar entender más a fondo el rol del padre, primero debemos entender el simbolismo del padre. El simbolismo arcaico del padre dentro del contexto cristiano está encarnado en la persona de Jesucristo. Es un padre muy noble y amable con sus seguidores. Él ama incondicionalmente y el simbolismo grupal del Padre representa el papel del protector. Sale a trabajar, gana dinero, lleva comida a casa, ama a su familia, brinda educación a sus hijos y disciplina a sus hijos cuando es necesario. Según el simbolismo individual, el padre fue muy cruel, trató mal a su hijo, lo rechazó y lo abandonó. Como puedes ver, el sentido arcaico del simbolismo es incongruente al símbolo del grupo y al símbolo del individuo. Significa que hay una enfermedad o desorden presentes. Con un enfoque terapéutico adecuado, podemos corregir el significado de estos simbolismos, convirtiendo el desorden en una lección pacífica. La verdad es que, si quieres tener paz en tu vida, entonces haz las paces con tu madre y tu padre y el resto seguirá naturalmente.

Aquí describiré un caso donde las experiencias de vida afectan las relaciones con el padre. El cliente me dio este permiso para compartir esta experiencia como parte del proceso saludable de que se le encuentre importancia al padre.

Daniel** tiene 20 años, es un hombre soltero que se siente solo, le dan miedo las serpientes (símbolo masculino), los obstáculos físicos, accidentes y la muerte. No tiene muy buena relación con su padre. Considera a su padre una persona muy complicada, aunque lo considera la persona más querida de su vida. También recuerda que, en su pasado, él había sido el motivo de su enfermedad. Recordó haber tenido muchas discusiones con él en el pasado. A menudo sentía la ausencia de su padre, ya que normalmente estaba fuera trabajando. Estos y otros eventos patológicos no le permitieron completar su consciencia hacia su padre, pero las cosas estaban a punto de cambiar. Quería resolver su relación con su padre. Comenzó su proceso de terapia de toda la vida bajo las pautas de la terapia integral de psicología profunda creada por Werner Meinhold.

La idea de compartir sus experiencias era entender cómo opera su subconsciente, y aunque las respuestas están dentro de nosotros, no podemos acceder a ellas a menos que trabajemos nuestros problemas de forma integral. Tiene que haber una apertura total para aceptar sin culpa e integrar esas partes no reconocidas de nuestra personalidad que habían permanecido durante mucho tiempo encerradas con llave, acceder a ellas demasiado rápido podría resultar traumático para un cliente. Seguimos un largo camino de muchas sesiones para desenvolver estos eventos. Los siguientes diálogos son un resumen de algunas sesiones juntas. Después de todo un año de terapia, llegó a la etapa en la que estaba cuando tenía dos años en su edad cronológica. Describió lo siguiente (sus palabras habladas aparecen en itálica):

"… estoy en mi casa… siento que estoy en mi casa porque no puedo verla…"

Le pregunté, *"¿eso cómo te hace sentir?*

"Relajado" … respondió, desde ahora confirmar el sentimiento de relajación le permite sentirse más seguro y le ayuda a abrir su memoria un poco más y continúa…

"estoy subiendo las escaleras… hay alguien mirándome… es una sombra"

"¿Quién es la sombra?" le pregunté y el no respondió.

"¿Cómo te sientes con la sombra?" le pregunté después de algún tiempo.

"Me hace sentir seguro como si me cuidara" … respondió… *"me siento en paz, parece que pasa para verme y se va y no tiene una cara… es una sombra".*

Sé que habla de su padre, pero aún hay una resistencia para conocerlo. Esto significa que tenemos que dedicar más sesiones a trabajar con su ansiedad que le impide reconocer la "sombra". No puedo ayudarlo en esta búsqueda de descubrir el rostro de su padre porque sería iatrogénico (relacionado con una enfermedad causada por un examen o tratamiento médico o por el profesional de la salud o el terapeuta). Él debe llegar a esta conclusión por si solo para revelar los secretos escondidos y establecer un lazo natural con su padre.

Continuó *"Me siento a salvo porque me está cuidando, una madre haría lo mismo – ella está en la tienda (en la papelería) … estoy con mi abuela". (ahora se vuelve más consciente de su situación presente).*

¿Cómo te sientes? Pregunté.

"Bien, no hay ningún problema… pero me siento solo, no es algo intenso, pero por unos momentos… algo ansioso… tristeza, a veces me quedo solo, un poco de inseguridad, me siento solo, me afecta

cuando me siento solo, siento ansiedad por olvidar esta soledad... no tengo con quien compartir pero tampoco me voy a morir por eso (ahora toma conciencia y la relaciona con su edad actual de 20 años y al mismo tiempo vive la experiencia de la edad cronológica)... sé que en unos momentos llegará, mañana me convertiré en una persona... le doy tiempo al tiempo".

Esta conciencia le permitió entender los problemas fundamentales conectados con sus padres con sus emociones y problemas presentes que surgieron como resultado.

Después confirma que aún está resistente a reconocerlo, *"Siento como una protección ... estoy en los brazos de alguien, agarrándome fuerte, no veo nada, sólo logro sentir... me sostienen fuerte y quiero caminar... cuando camines, relájate y mueve los músculos (él se sugiere a si mismo)".*

Interesantemente, los órganos del movimiento, como los brazos y piernas, están conectados con el desarrollo de los sentidos del movimiento que también es el sentido del ser siendo integrado. La sesión terminó con él sintiendo seguridad y protección, que son muy importantes para acceder a los recuerdos que el subconsciente mantiene bajo llave. Ahora se vuelve más interesante, cómo experimentar estos sentimientos lo ayuda a reconocer a su padre por sí mismo.

Al sentir esa seguridad y protección, continúa con un recuerdo del pasado y recuerda estar con su abuela mientras llora y ella le dice, *"No llores, tu mamá y tu papá vienen y te van a dar de comer".* Esta palabra papá en esta oración saca inmediatamente a su padre de la sombra y ahora se crea la conexión y el rostro se vuelve visible. Durante las siguientes sesiones racionaliza y completa su experiencia con su padre.

Describe su tranquilidad de forma simbólica al inicio de la frase...

"... Siento que estoy en un mar o en el agua, sólo siento, me relaja. Siento unas manos... me parecen de mi papá, me están haciendo dormir, me pasan por la cara así que me da sueño, él me acaricia,

siento relajación, amor y me da mucha paz. (Ahora, al reconocer a su padre, trae recuerdos de momentos saludables y amorosos con su padre)".

Continúa, *"ahora veo como se aleja, no me gusta... Me siento inquieto, cuando se va entonces lloro, me enojo, me siento mal, y me pongo a llorar como un loco, empiezo a sentir una sensación desesperada... cuando siento que se va, en mi corazón, en mi mente, en mi cuerpo, es como un "escalofrío" que recorre todo mi cuerpo. No sé a dónde va. Me siento ansioso".*

Ahora está tomando conciencia de la sensación que siente cuando su padre se va. Como está en completa vigilia, él mismo resuelve ese misterio con su mente lógica analítica de 20 años.

"... cada vez que se va, entiendo, tal vez, como cuando se va al trabajo, para alimentarnos, con su familia, (ahora esta conciencia analítica transforma esa ansiedad en algo más bello y conectado con el padre) ... Me enorgullece más en lugar de sentirme preocupado, tal vez él sentía lo mismo cuando iba a trabajar, por eso me sacrifiqué y él también. Puede que esta desesperación comience ahí. Prefiero darle un abrazo antes que decirle nada".

Ahora siente y vive esas sensaciones ocultas de calidez hacia su padre.

"...hay mucha calidez en sus brazos, primero siento calidez con felicidad... ... quiero decir algo ... esto no es más que un abrazo, son lo mismo, no le importa sacrificarse por mí ... siempre voy a tener su apoyo y lo percibo en sus ojos antes que sus palabras, esto es algo claro, más que nombres y palabras veo expresiones y actos... trato de sentirlo y no está, siento una especie de pena porque lo estaba pasando bien. Se va, pero seguro que va a volver"

Hay momentos muy mágicos para él y después de sentir seguridad, crea una conexión básica y llegando a este entendimiento su relación con su padre cambia dramáticamente y ambos experimentan una relación más saludable que antes.

***Daniel es un nombre ficticio; el nombre real fue omitido por cuestiones de privacidad y confidencialidad.

En otro caso, una mujer adulta revive los momentos del parto durante sus primeras sesiones juntos. Tenía este fuerte sentido de los sentimientos de su padre hacia ella porque él quería tener un niño, pero ella era una niña. Durante la sesión lloró y dijo: *"Estoy naciendo y todos están sorprendidos; mi padre dice de mí, ¿qué es esto?"*

Ella explica después de la sesión, *"Pensé que lo había resuelto todo. He tenido 5 años de terapia con 14 terapeutas diferentes, pero nunca fui tan profundo en ninguna de mis sesiones. Ahora sé por qué tengo menos cabello a esta edad. Ahora sé por qué nunca alimenté a mi bebé del pecho derecho. Ahora sé por qué creé un cáncer en mi seno derecho (simbólicamente el lado derecho del cuerpo representa al padre) ".*

Un proceso terapéutico está basado en el reconocimiento de la unión de ambas partes, masculino y femenino y su nivel de energía biológica y espiritual. Un cliente también puede percibir y aceptar reservas, rechazos o condiciones de aceptación de un miembro de la familia por otro para satisfacer su necesidad básica e inconsciente de amor. Esto se ve como la sensación del derecho a tener el calor de la vida que debe establecerse como una propiedad exclusiva del cliente, entregada a él como un derecho cósmico y espiritual. Es esencial para el universo que este humano nazca en estas condiciones. La habilidad de conscientemente aceptar estas condiciones en las cuales este derecho se nos da para crear y expandir la consciencia resultando en un estado de calma y calidez, y está libre de estrés y es completamente seguro.

Esta sensación es experimentada muchas veces en la vida, como en el momento cuando el amor se siente con tal intensidad entre dos personas llegando al reconocimiento o a la conexión de "yo soy tu y somos uno". La capacidad de sentir y comprender el amor de una manera tan profunda está dentro de cada uno de nosotros. Se convierte en nuestra tarea desarrollar esta capacidad de percibir y expresar esta aceptación incondicional de todos los seres. La idea es conectar con este nivel de consciencia ya que el amor siempre existe, pero sólo después de haber vivido las situaciones que nos permiten vivir la expansión y el reconocimiento de la unión entre los dos.

Podemos volvernos conscientes de nuestros miedos, desde una ansiedad casi permanente hasta un pánico que puede eclipsar el embarazo. Puede ser que hubiera existido incluso antes de la concepción en todas las relaciones sexuales. Estos miedos que emanan de la madre tienen diferentes causas, especialmente genealógicas en forma de recuerdos de embarazos y partos transmitidos a través del árbol genealógico. Estos miedos pueden estar asociados con lesiones graves o muerte del niño o de la madre en diferentes momentos de la gestación, período neonatal y nacimiento, y pueden reactivarse en generaciones porteriores.

También pueden ser generados por las complicaciones que aparecen en un embarazo precedente o subsecuente como hemorragias, abortos espontáneos, interrupciones terapéuticas o voluntarias. En otros casos, puede haber una reactivación de los recuerdos vividos por la madre como un bebé durante su vida intrauterina o en el momento de su nacimiento sobre todo si fue difícil.

El miedo a la reproducción causará estrés, tristeza y culpa en el niño, y las limitaciones pasadas vividas por la madre pueden arraigarse en su propio desarrollo sexual. Si la madre siente que está en peligro, el embrión percibirá que esta es la realidad y culpará a su existencia como una amenaza para la vida de su madre o para su propia vida. Un bebé que vive su vida intrauterina rodeado de accidentes de generaciones pasadas puede percibir el esperma del macho como peligroso y, en consecuencia, generar infertilidad o impotencia para crear una sensación de seguridad en su pareja.

Estoy seguro de que estos padres que han sido testigos de este milagro del nacimiento siempre recordarán uno de los momentos más importantes de sus vidas. Al mismo tiempo, le rogaría a Dios que no permita que ningún padre sea testigo de ninguna de las experiencias dolorosas del parto. Dios no lo quiera, si estás entre ellos y no has podido superar esa pérdida o trauma, por favor escríbeme y haré todo lo posible para ayudarte a superar esa experiencia.

Que Dios bendiga a todos los futuros padres y a sus bebés.

Mi fe en Dios puede morir,
pero la fe de Dios en mí nunca morirá.
Atul Mehra

Capítulo 9
Y el Tumor se Desintegra

Compórtate o te daré mi cáncer. ¡Que loca y divertida sonaría esta frase si se dijera en la vida real! Todos nosotros queremos una vida saludable. Así que, ¿Qué es exactamente la salud? Podría decirse que estar libre de enfermedad, lesión o dolor. ¿Se consideraría saludable a una persona si nunca fumó o bebió, consumió una dieta saludable, se ejercitó y se ocupó de su salud y, sin embargo, murió de un ataque cardíaco a la edad de 40 años?

La palabra salud viene del inglés antiguo *hal*, que significa totalidad o total, no podemos amarnos por partes. Es ridículo decir que amo mi brazo derecho más que mi brazo izquierdo, o que mi pierna derecha es mejor que mi ojo izquierdo. Los seres humanos nacen con partes del cuerpo, órganos, células y tejidos, así como pensamientos, sentimientos y emociones. Todo lo que sucede dentro de mí se puede considerar como mi *yo* o *ser*. Si me falta algo dentro de mí, entonces esto abre la posibilidad de que algo más tome su lugar.

No hay forma racional de planear nuestra vida en lo que concierne a las enfermedades. Por ejemplo, nadie se propone conscientemente tener diabetes a los 15 años, esclerosis múltiple a los 25, cáncer a los 30 o incluso la muerte a los 32; y, sin embargo, sabemos de seres queridos o amigos que se han visto afectados por estas enfermedades crónicas que han resultado en la muerte a una edad temprana. ¿Quién o qué es responsable de esto? El reconocer que creamos nuestras propias enfermedades y saber el origen de estas nos da esperanza de encontrar formas de restaurar nuestra salud y bienestar. Ya sea cáncer, diabetes, ansiedad o cualquier otro desorden, la persona la crea a un nivel inconsciente.

La presencia de enfermedades crónicas en la vida siempre se considera desafortunado. La enfermedad es cruel y apoyo completamente esta idea de que cuando estás enfermo, es importante y necesario ir al médico para recibir tratamiento médico. Cuando los síntomas comiencen a desvanecerse con el tratamiento, sugiero tomar esta oportunidad para reconocer el trabajo que ha comenzado e ir más profundo en el proceso oculto de la enfermedad.

La vida comienza con la consciencia de una célula en el vientre de la madre, y, después de pasar billones de procesos, culmina en la forma final para volverse UNO o un todo. Desde ese mismo momento hasta ahora, estos procesos requieren el mejor crecimiento incondicional posible del yo. Los interminables obstáculos, represiones u oponerse a esos procesos pueden crear más enfermedades mentales o físicas en el futuro.

Presencié un milagro cuando observé el surgimiento de esas energías malignas que crean un tumor. Todo el proceso terapéutico de la vida trajo nuevas ideas, nuevas sorpresas y experiencias que concluyeron como un evento asombroso. Ahora compartiré la historia de una de mis clientas que se sometió a terapia y compartió sus experiencias relacionadas con la desintegración de un tumor en su cuerpo. Tengo su permiso expreso y entusiasta para compartir su increíble historia con ustedes. Me resulta increíble darme cuenta de que las condiciones que se experimentan en el útero de una madre también podrían actuar como terreno fértil para que un tumor benigno eche raíces y crezca más adelante en su vida. Llamaré a mi cliente Alba para respetar su privacidad y proteger su identidad.

En abril del 2006, Alba comenzó una clase de yoga conmigo. Me reveló que sufría de dolor en su rodilla derecha, después de algunas clases, discutimos y exploramos el simbolismo relacionado con su dolor de rodilla, y reconoció la conexión y estuvo de acuerdo en comenzar el proceso completo de terapia de vida bajo la hipnosis del Dr. Werner

Meinhold con sus técnicas y guías. El proceso terapéutico finalizó en abril del 2010.

Ella había estado bajo el cuidado de un psiquiatra que la había tratado por los últimos seis meses por depresión y ansiedad. Fue hospitalizada durante cinco días para someterse a terapia del sueño, recibió sesiones semanales y tomó muchos medicamentos (antipsicóticos y antidepresivos) durante meses sin ninguna mejoría en sus síntomas. Ella dijo: "Sólo hice lo que dijo el médico porque quería que me dieran el alta del hospital. La ansiedad continuó, sentía tristeza dentro de mí, no encontré ninguna paz; no encontré ninguna solución del por qué llegué a ese estado".

También reveló su relación difícil con sus padres y hermanos. Aproximadamente 15 años antes, comenzó a experimentar períodos menstruales irregulares. Posteriormente, los resultados de los análisis de sangre detectaron prolactina alta y le diagnosticaron síndrome de ovario poliquístico. Su ginecólogo le recetó medicamentos que se tomaría a diario por el resto de su vida. Finalmente, se descubrió un pequeño tumor en Sella Turcica en la glándula pituitaria. Lo más sorprendente fue que siempre hablamos de sus miedos, resentimientos, ansiedades, fantasías y realidades, pero nunca discutimos abiertamente sobre el tumor benigno que tenía. Tampoco tenía mucha experiencia en esta área, y la consideraba más como el dominio de un profesional médico o un neurocirujano. Para mí, la psicoterapia era un tratamiento para quienes padecen problemas de salud mental. Mientras estaba en terapia conmigo, mi cliente tomaba religiosamente su medicación para poder menstruar y para manejar su prolactina alta... hasta que el doctor le pidió que se detuviera completamente.

Decidí escribir sus palabras porque pienso que es importante para todos poder entender que creamos nuestros propios milagros en la vida. El origen de la vida no saludable yace en nosotros y la oportunidad de revertir el proceso también depende de nosotros. Crear apertura, la capacidad de comprenderme a mí mismo con conciencia y hacer las paces con los demás y conmigo mismo, todos tienen la capacidad de crear milagros en mi vida. Esto, por supuesto, debe ir acompañado de enfrentar nuestros miedos básicos de una manera intrigante.

Comenzamos el proceso de terapia de vida y durante el segundo año de terapia creció su tumor un poco más. Recuerdo haber discutido con ella y continuamos la terapia; gradualmente, comenzó a hacer espacio para paz en su vida. En sus palabras…

"Durante estos momentos fantásticos - muy a menudo, difíciles y emocionalmente fuertes - aprendí a conocerme mejor, a aceptarme como soy y a amarme a mí misma. Aprendí a mirar y aceptar a mis padres y hermanos como son: seres humanos con aciertos y errores; aprendí a mirarlos con amor, a tratar de no juzgarlos sino a comprenderlos, aprendí a perdonar lo que había que perdonar y a aceptar lo que había vivido y a entender por qué lo viví. Fue aprender en cada momento, en cada circunstancia. Durante mi terapia y al terminarla, fui capaz de acercarme a mi padre con amor, respeto y aceptación, y no con resentimiento y enojo que había sentido por él, porque en terapia entendí muchas cosas relacionadas con su actitud hacia mí, y eso abrió mi corazón. También podría aceptar la alienación de mi hermano y aceptarlo como es, para perdonarlo por no querer acercarse a mí; entendí y dejé de sentir el dolor del rechazo. Así mismo con mi mamá, pude curar un resentimiento que había guardado muy profundo dentro de mí. Comencé a hablar y me acerqué a mi hermana con quien había tenido un fuerte conflicto por el cual no habíamos hablado en un largo tiempo".

Continuó, *"en terapia, me di cuenta del por qué mantenía una relación de amor complicada. Solía hacerme daño al involucrarme con las personas equivocadas que me lastimaron y, sobre todo, permití que me lastimaran. Basándome en ese entendimiento, pude alejarme de mi mejor amigo porque su amistad no era conveniente, y tuve el coraje de decir lo suficiente y pensar primero en mi propio bienestar, y de ahí en adelante, estoy en paz y ahora no busco a alguien que me lastime, porque ahora sé que sólo merezco recibir amor y puedo dar amor. A medida que avanzaba la terapia, conocía un poco más de mí misma, estaba aprendiendo a valorar más, a amar, a comprender a las personas cercanas a mí, y cómo todo mi entorno, mis creencias y mi forma de ver y vivir la vida habían influido en quién era yo en ese momento".*

"Es increíble mirar hacia atrás en cómo era una persona conflictiva, en ocasiones triste y depresiva, dependiendo en las decisiones de otros, buscando la aprobación de otros, temerosa de tomar ciertas decisiones.

Inmediatamente después de la terapia, me di cuenta de que soy yo quien elige qué camino seguir. Previamente elegí el camino difícil, con tristeza y desesperación, con intentos de suicidio y frustraciones. El camino que ahora transito y disfruto está lleno de alegría, optimismo, interiorizando cada día, viviendo y respirando la vida con el corazón abierto, con el cuerpo sano, con la mente abierta y buscando nuevas opciones, con más libertad de corazón para amar. y dejar que los demás me amen también. Parte de ese hermoso proceso de autoconciencia me llevó a darme cuenta de que a los doce años tenía mucho miedo de crecer, pasar de niña a mujer, por diferentes experiencias y situaciones que descubriría y entendería con la terapia con sesiones avanzadas. Todo esto me llevó a entender que fue ese miedo el que me hizo generar problemas de prolactina y en consecuencia la aparición del tumor en la glándula pituitaria. Este gran entendimiento me llevó al proceso de curación, entendí y acepté mis miedos, los acepté, me perdoné y seguí hacia adelante, y para sorpresa de mi doctor, el tumor desapareció, mi prolactina se estabilizó y deje de tomar mi medicamento".

"Recuerdo el tiempo antes de mis exámenes, mi doctor vió los resultados y estaba sorprendido. Dijo que para él no había otra razón que un milagro, porque fue uno en un millón de casos que el tumor desapareció y todo se normalizó en tan poco tiempo. No podía aceptar mi teoría de que el trabajo sobre mi autoconciencia me ayudó a sanar, pero me dijo que no descarta por completo esa posibilidad ...Desde el momento en el que los resultados fueron positivos hasta hoy, han pasado diez años, y mi cuerpo trabaja muy bien, tengo períodos regulares y no tomo medicinas".

Compartí este testimonio contigo porque creo que puede despertar nuestra conciencia. Necesitamos darnos cuenta de que nuestros pensamientos y emociones se manifiestan en nuestro cuerpo, y que cuando nos conocemos, nos ayudamos a sanar, cuidar, amar y reconocer, que somos seres holísticos (cuerpo, mente y espíritu).

Aunque he mantenido esta historia fiel a sus palabras, he eliminado ciertas partes de su testimonio donde ella muestra una inmensa gratitud y me agradece por todo. Me sentí un poco incómodo incluir esa parte porque yo era sólo un canal a través del cual ELLA encontró las soluciones y decidió hacer cambios en su vida, debería estar agradecida con ella misma y con Dios que lo ha hecho posible.

La parte más hermosa de este capítulo es la experiencia vivida por el cliente durante su vida intrauterina. Descubrió momentos de parto prematuro, así como experiencias de rechazo y de ser un bebé no deseado, todo lo cual formó la base de un futuro tumor en su vida. Aunque tuvimos nueve sesiones para trabajar con las ansiedades y miedos que sintió durante su nacimiento, he optado por compartir las experiencias más importantes para que nos ayuden a intercambiar un diálogo significativo sobre la vida intrauterina. Ella describe las siguientes experiencias en el momento de su nacimiento:

"… estoy cayendo y siento mucha ansiedad por ver que hay ahí y desciendo. Después golpeo mi frente en el hueso de mi madre, pero esto no me lástima porque voy a vivir. Hay unas manos que me levantan. Yo salí. Miro a mi madre, me sonríe… el médico me levanta y me corta el cordón umbilical. Me llevan con mi madre y ella me abraza y me pone sobre su pecho y me dice que voy a estar bien. Como nací antes de tiempo me tienen que llevar… Mi madre me abraza fuertemente; como late su corazón. Estoy fuera"

Continuando con el trabajo en incidentes de su vida adulta, vivió y procesó sus experiencias traumáticas. Ella enfrentó esos momentos y una vez que descubrió que estaba bien ahora, estaba lista para procesar más y tomar más conciencia de las energías malignas detrás de eso.

"… antes de salir estaba sudando mucho. Me molestaba un mal olor alrededor de mi pero ahora me gusta. Siento su brazo, la piel de mi madre. Siento un amor tan grande. Es como si en algún momento no quisiera vivir, pero ahora sí, hay un Ser Majestuoso al que debería estar agradecida por estar aquí. Hay una luz brillante. Y veo a este hombre majestuoso, está ahí y sonríe y dice: "Lo hiciste, tienes mucho que hacer, adelante y confía en ti misma". … Esta es una luz de tanta fuerza, energía y amor que me llena. Nadie se da cuenta y permanecen absortos en lo que hacen. Esta luz es tan tranquila que mi corazón se calma. Ahora el doctor me lleva a la incubadora y me dicen que mi mamá irá conmigo, y luego ponen un tubo en mi boca… ew…"

En otra sesión seguimos recogiendo más segmentos de ese evento y aquí la idea es hacer visible lo que era invisible en ese momento para ella.

"… *cuando estaba en el vientre, tenía miedo de nacer porque no sabía que iba a suceder, mis padres peleaban mucho y esto era aterrador cuando estaba en el vientre. Para qué voy a salir a este extraño mundo si la gente grita. Para que vine aquí… Yo estaba allá arriba y estaba muy tranquila, mucha paz, entonces no entendía que tenía que estar aquí. Quería volver, pero no pude, no quería salir porque tenía miedo de salir y el mismo miedo a veces me detuvo para tomar decisiones y puede ser que me lastimé, esta es mi inseguridad, no confiaba en mis decisiones. Cuando estuve allá arriba el maestro hablaba mucho conmigo, cuando llegué, no podía hablar, comunicarme, preguntar, luego cuando crecí, sentí miedo de preguntar y después preferí escuchar, en algún momento perdí mi confianza en mí misma y no confiaba en lo que decía, a veces buscaba al Maestro en diferentes personas para que me guiaran. Mi Maestro no está aquí y tuve que tomar mis decisiones … inseguridad, no confiar en mí. Debería confiar en mí y también en lo que digo, obviamente, no voy a lastimarme. Tenía miedo de escuchar y hablar conmigo… era como si estuviera incompleta, pero ahora hablo conmigo y voy a completarme como si faltara una pieza. Estoy completa conmigo porque me entiendo, me veo como un delfín (el delfín es un símbolo del poder de la regeneración) como si estuviera en terapia conmigo…"*

"*…estaba cansada en el vientre y decidí salir, pero después me dió miedo no estar completa (formada) y que me faltara un poco. Mi mamá me decía que debía tener 9 meses para estar completa y recuerdo que no estaba completa y no podía regresar y pensaba que si estaba incompleta entonces mi mamá, papá y hermanos no me amarían. Me asustó y lo sentí en el estómago y en la cabeza. El mismo miedo que sentía cuando estaba allá arriba y el maestro me dice que me vaya a la tierra y yo digo que no estoy lista y hay cosas que aprender y esta es mi familia y me van a rechazar y me dice que tengo que bajar. Bajé, pero no me gusta… no quiero estar ahí así que fui a la concepción… esta es una sensación muy rara que tuve ahí y ahora entiendo por qué me sentía incompleta, pero he sentido rechazo. No me acepto… ese gran miedo que tenía inconscientemente pensaba que la gente me rechazaba porque yo no me aceptaba. Cuando la gente se acercaba, me obligaba a alejarme. Fue con los hombres porque estaba molesta con mi Maestro y rechazaba a los hombres en mi* *vida. He sido muy dura conmigo misma, por eso siempre he juzgado tanto. Al conocer y reconocer me siento completa conmigo misma. Si me acepto entonces no me importa si los demás no me aceptan, es como una ola que sube y desaparece, como la vida, sube, se viene abajo, momentos buenos y malos. No hay miedo sino aceptación real (¡que sentimiento tan simple y profundo!) ... no sólo me pasa a mí, sino a otros también y así es la vida y les pasa a todos. Tuve que sentarme en la silla eléctrica y con cada error me castigaba y ahora entiendo que es normal y estaba defectuosa y así es como somos los humanos..."*

Luego, se habla a sí misma y este es un momento culminante cuando comienza a integrar los miedos básicos en su vida, incluido el miedo a no estar completamente formada. Su miedo se está disolviendo mientras elige enfrentar la realidad.

"... necesitas estar calmado y no tener miedo de nacer... soy un ser perfecto. Las personas necesitan 9 meses para formarse, pero para mí fueron solo 7. Estoy completa... hay muchos momentos de felicidad cuando quieres reír y hay momentos de tristeza y esta es una lección de vida. ... Me equivoco, me caigo y esto está bien. Cuando se aprende a caminar, primero te caes y luego te levantas y sigues adelante. La vida me tiene mucho amor... ahora me siento más tranquila y voy a nacer, pero no con miedo. Mi corazón ahora es más suave (el corazón late tranquilo y ella se ríe un poco) ... siento curiosidad de salir..."

Después de comprender y procesar esa ansiedad en el momento del nacimiento, revive el proceso natural de su nacimiento y tiene plena conciencia de salir de la hipnosis completa:

"... siento curiosidad de salir de esta cosa que es como un túnel con un hueso y al final hay un orificio del cual voy a salir. Me siento tan especial y hay una mezcla de emociones... y hay un hombre hablándome... cortan el cordón umbilical, ahora me llevan a limpiar porque estoy un poco sucia con sangre y mi madre mueve su brazo hacia mí y me llevan y me siento calmada... la vida".

Puedes ver por ti mismo que ella se está descubriendo a sí misma; pero aquí viene otra parte importante en la que descubre y procesa la causa de su tumor con más detalle. La sesión comenzó con los mismos momentos del nacimiento para resolver las ansiedades restantes relacionadas con su intento de suicidio mientras estaba en el útero:

"… me duele, estoy saliendo… es verdad que no quiero salir porque no estaré completa. Mi mamá discute con el doctor y aún no tengo 9 meses, quiero regresar, mi madre puja y no quiero y salgo en esta agua… gelatina, intento volver y me muevo mucho. Veo una luz y me golpeo una y otra vez con un hueso y mi frente me duele y muchas cosas están sucediendo… me siento dudosa, mamá, papá y hermanos se asustan y me rechazan con voces que me dicen que estoy completamente formada y es mi gran maestro de arriba que entra y dice que estoy completa y me da la seguridad para salir. Salgo y esta parte me duele mucho (apunta a la parte de su frente donde tuvo un tumor) y este es mi lado femenino… es un miedo de estar incompleta y que algo no está bien, me falta una oreja y un hombro, van a rechazarme, así es como hablan y este es mi temor. Cuando me dió mucho miedo quise matarme… no me aceptarán porque no estoy completamente formada…"

Como adulto, esta experiencia intrauterina se convirtió en un tumor en la glándula pituitaria. Más adelante en otra sesión, entendió que su madre nunca la rechazó; de hecho, la amaba. Uno de los mayores descubrimientos que tuvo fue darse cuenta de que todo lo que sentía su madre le era transmitido y que no era su miedo sino el miedo de su madre lo que la bloqueaba en la vida y creaba barreras a su libertad de disfrutar. Se cubrió con el manto del miedo, la emoción que creaba su madre. Asimismo, esto es algo que la madre recibe de su madre que la recibe de la suya y así sucesivamente.

Necesitamos reflexionar y entender el significado detrás del patrón fundamental. Nacimos para pertenecer a nuestra familia a través de conexiones buenas y saludables y no a través de conexiones patológicas, pero de cualquier manera estamos conectados. No sé si es cierto o no, tal vez estoy completamente equivocado en esto, pero lo he discutido aquí y ahora depende de ti aceptarlo o rechazarlo. Si te dicen que tu padre tiene diabetes y tu madre también, entonces tú también podrías tenerla. ¿Esto significa que has creado circunstancias en tu vida que te llevaron a desarrollar diabetes porque es tu forma subconsciente de relacionarte con tu familia, y probar tu lealtad o sentimiento de pertenencia a ellos?

Lo mejor que puede hacer cualquier
terapeuta para curar es "amar".
Atul Mehra

Capítulo 10
Más Misterios Intrauterinos Revelados

Al agregar este capítulo final he decidido describir más experiencias detallando como los bebés se sienten en el vientre de la madre. Sólo pensé en agregar algunas experiencias de clientes que me han permitido amablemente compartirlas con mis lectores. Son muy valientes por haber tomado esa decisión, ya que la mayoría de las personas se sentirían demasiado incómodas al hablar de esto. Les estoy profundamente agradecido por su valiosa contribución. Simplemente escribiré las experiencias tal como ocurrieron en el útero de la madre sin proporcionar una interpretación o análisis. Creo que ahora después de haber leído estos capítulos tengas la suficiente experiencia y conocimiento para entender y concluirla tú mismo.

El primer caso está conectado con Gaby que comenzó sus sesiones hace algún tiempo atrás. He decidido escribir cómo se sintió antes y después de las sesiones porque la lección que aprendió en su vida me ha ayudado a entender muchas cosas. Además, muchos de nosotros nos identificaríamos con esas condiciones porque todos hemos tenido experiencias similares como seres humanos. Estas experiencias se convierten en un faro de luz en la oscuridad a medida que nos guían a comprender nuestras experiencias para que podamos aprender a crecer a través de ellas. Esto es lo que nos hace sentir que nuestras experiencias pasadas desafortunadas eran necesarias porque estamos destinados a aceptarlas y aprender de ellas. Tampoco podemos cambiar nuestra historia ni podemos alterar el curso de los acontecimientos que llevaron a nuestro estado actual porque era el único camino, por lo que aceptar y hacer las paces con nuestro pasado se convierte en un objetivo imperativo en nuestra vida. La esperanza es una fuerza poderosa que nos sostiene en la vida y nos mantiene con los pies sobre la tierra, en la cara del futuro incierto y desconocido. Si supiéramos lo que nos depara el futuro no necesitaríamos la esperanza. Esto es porque la vida es tan dinámica y maravillosa.

Gaby comenzó su sesión cuando tenía 26 años. Su proceso terapéutico duró dos años, y aquí doy un vistazo a las experiencias que sintió.

Fue una decisión muy difícil el comenzar terapia porque tenía mucho escepticismo y estaba cerrada, incluso tenía miedo a encarar mi pasado. Un día, como quiso el destino, fui a su oficina, hablamos y me di cuenta de que era hora de hacer algo por mí misma, y comencé mi terapia. Fue una experiencia grandiosa pero muy difícil. Seguí mi terapia, pero muchas veces buscaba excusas para dejarla. Al principio, comencé a creer que todo era un fragmento de mi imaginación, pero gradualmente comprendí que estaba sacando a relucir mis viejos recuerdos apagados. Primero que nada, me encontré en terapia dándome cuenta de que había alguien diferente proyectándose dentro de mí porque muchos miedos y fantasías me controlaban. Los miedos no me pertenecían porque me los había pasado mi madre. Gradualmente sentí más confianza en mí y la terapia se volvió un tiempo de relajación y comencé a escucharme y entenderme.

La mejor parte de la terapia fue cuando pasé las sesiones de vida en el vientre, contacto con mi madre y entendimiento de cómo fui formada. Todas estas experiencias han sido valiosas para mí. El contacto y la conexión con mi niño interior también me está ayudando mucho en cada momento de mi vida. Antes de esto, era muy tímida y temerosa. Me dejé dominar fácilmente por los demás. Ahora, poco a poco, he ido sintiendo más seguridad en mí y me he dado cuenta de que era hora de vivir y hacer las cosas que puedo hacer. La mayor confianza en mí misma me hace hacer cosas que alguna vez pensé que serían imposibles de hacer, pero ahora he hecho todo eso y con muy poco esfuerzo. Gracias a esta terapia, curé algunas dolencias como alergias (especialmente al metal), y he controlado mi ansiedad por los dulces. Yo no sabía que tenía reacciones como lastimarme la piel al rascarme o tirarme del cabello, pero ahora ya no lo hago. Ahora tengo 30 años y no puedo decir que en general mi vida ha cambiado; simplemente la veo con ojos diferentes. El cambio ha ocurrido en mí y ahora disfruto cada momento. Siempre repito que soy un ser humano completo. No necesito a nadie y puedo hacer lo que sea si creo en mí".

Nacimiento

Me siento bien, curiosa, escucho muchas voces. Mi madre dice que es tiempo de llegar. Hay voces desconocidas y la única conocida es la del doctor de mi madre. Ella está calmada y yo siento curiosidad sobre quiénes son esas personas. Siento mucha calidez... siento calidez interior, escucho a mi mamá, a mis hermanos y siento curiosidad. Tengo que tomar un respiro ... que debería estar tranquila ... mi madre dice que tengo que respirar. Hay un pequeño momento en el que mi madre se asusta y otros también porque yo no respiro, pero respiro en el momento del nacimiento, y ese no era el momento (de respirar) pero yo estoy tranquila y mi mamá también. (Ahora pasa a los momentos en que su madre se asusta para que esa parte sea comprendida e integrada) *Mi mamá tiene miedo y no entiendo que está pasando... mi mamá tiene miedo y me preocupa un poco... dejo de respirar y me sorprende porque puedo soportarlo. No era nada anormal, pero provocó ansiedad. Me siento algo confundida porque no entiendo y tengo ansiedad en mi estómago.*

Nacimiento (segunda sesión)

Debo confrontar el miedo de mi madre a no ser capaz de protegerme. Siento que, si dejo de respirar, ella pierde el control de lo que me pasa. Este es su miedo y necesito independencia. Ya no dependo de ella y esto es una separación... no es fácil, pero tiene que suceder. Siempre me he dado cuenta de que mi madre se preocupa por mí, a veces me preocupo cuando se trata de protección y me empieza a asfixiar. Por lo general, ella está conmigo, juntas y necesito que me liberen para poder respirar un poco ... (Ahora comprende la causa raíz que se esconde debajo del miedo de su madre). *Ella (mi madre) siente dos cosas: primero, es una mujer adulta y no puede cuidar de la niña y segundo, este es el miedo que tiene de su experiencia pasada y que vivió con mi hermana mayor* (durante su nacimiento) *y esta experiencia la tuvo que volver a vivir sino estaría más relajada y calmada y podría confrontarlo. Este no es mi miedo y debería sentirme calmada. Es entendible que deba sentir que debo nacer pacíficamente y debo transmitirle esta tranquilidad a ella. Ella esta calmada… libre de responsabilidad… me siento calmada, feliz y me gusta lo que estoy viviendo. Siento libertad.*

Nacimiento (tercera sesión)

Sigo en el vientre de mi madre y me siento bien. (Va al futuro y vive sus experiencias después del nacimiento) *Estoy recostada en una cuna al lado de mi madre; mi madre está a mi lado y mis hermanos.* (Va al futuro y recuerda) *… la enfermera y yo estamos en el cuarto del bebé. No hay nadie que conozca y me siento calmada. Percibo estas cosas que no sentía antes ¿Quiénes son estas voces a mi alrededor con las que quiero familiarizarme? Mi madre está en otra habitación, pero estoy calmada.*

9no Mes (Vida intrauterina)

Me siento muy bien, estoy cómoda, me doy cuenta de que he crecido; escucho mucho de mi madre que mi tiempo de nacer ha llegado. Me gusta meterme el dedo en la boca. Puedo mover las manos y los pies, puedo poner el dedo gordo del pie … me gusta investigar, es una sensación agradable en mi cara y el poder sentirme, saborear mi dedo y siento estas sensaciones en mi estómago (aunque ella lo encuentra agradable, observa cómo hay algo que ella esconde y trae los recuerdos de meses anteriores para entenderlo y resolverlo). *Tengo 5 meses en el vientre de mi madre; me doy cuenta de que tengo partes del cuerpo. Escucho a mi madre decir que disfruta cuando está cerca de mí y es mía y tengo curiosidad por conocerla.* (Descubre una conexión y trae los recuerdos del segundo mes en el útero de su madre). *Tengo casi 2 meses cuando mi madre dice que está embarazada porque ahora sabe que existo. Por fin puedo sentir que la gente se acerca para saber que estoy allí. Mi madre se pone la mano en el estómago y la siento abrazarme y quiero abrazarla también pero no tengo manos; ella me dice que voy a crecer y estoy ansiosa por saber cómo me estoy desarrollando. Tengo mucha curiosidad, hay mucha gente hablando de mí, de cómo soy. Tendré una sorpresa o es realmente quien soy. Esa sensación de independencia. Soy un ser completo y autosuficiente.* (Esta sesión terminó para que la semana siguiente pudiéramos probar la conexión entre la ansiedad y su vida adulta y descubre algo importante.

9no Mes continuación

La conexión con mi cuerpo, poner dedos en mi boca, esta ansiedad viene de mi madre cuando siente la necesidad de protección, ella come y por eso pongo los dedos en mi boca. Escogí una de sus formas para escapar y la convertí en la mía. Muchas veces sentí miedo. En lugar de hablar, me meto el dedo en la boca y la cierro. Siempre encontraba algo que esconder y elegía sentir ansiedad, que no era mía.

Pongo los dedos en mi boca porque quiero estar con mi madre. Cuando come me siento calmada. Cuando la siento estresada, también siento eso y me meto el dedo en la boca; pero este miedo no me pertenece… es ella quien siente miedo, no yo. Debo hablar sobre cómo me siento y no quedarme callada o esconderme en la comida. Sé que siempre me chupé el dedo cuando a veces me sentía sola, pero ahora entiendo por qué hago eso. Solía verlo como divertido que no era para mí sino para mi mamá. Si continúo haciéndolo no será bueno para mí. Me siento calmada. Puedo hablar. Cuando pongo los dedos en mi boca no puedo hacerlo. Ahora puedo hacerlo pacíficamente y me estoy conociendo.

8vo Mes (Vida intrauterina)

Me siento muy bien, cómoda. Puedo sentir que hay mucha felicidad a mi alrededor, puedo moverme y sé que soy observada cuando mi madre va al doctor y me examina. Siento que tengo conexión con otros. No soy a quien escuchan, pero otros pueden verme. Siento una conexión.

7mo Mes

Me siento muy bien, estoy muy cómoda; sobre todo, escucho a mi madre cantar, sabe cuándo me muevo. Siempre está feliz… bueno… yo también me siento feliz. Mi padre está cerca y le gusta tocar el vientre de mi madre.

Me siento emocionada y siento una especie de calidez cada vez que la mano se acerca, me abraza, siento mucha calidez... me muevo... me siento libre, puedo moverme, puedo cambiar de posición y puedo jugar... movimiento.

6to Mes

Me siento bien, a gusto con el lugar donde estoy, me gusta lo que rodea a mi mamá, mucha gente habla, y siento que mi mamá está muy tranquila, muy feliz. Siento lo mismo con todo lo que escucho y muy libre... Me siento completa y con mucha ilusión. Tengo tantas partes (cuerpo) y todas me pertenecen... Me estoy reconociendo.

5to Mes

Me siento bien en el lugar donde estoy... este espacio donde puedo moverme libremente y tengo más contacto con las personas, ellas están afuera... mi madre y mi padre.

4to Mes

Me siento algo nerviosa, quiero moverme, el espacio no me permite moverme mucho, siento a mi madre mientras crezco con rapidez y me dice que me quede quieta y esto la molesta porque la hago sentir incomoda y siento estas sensaciones en mi estómago. (Ella trae el recuerdo de su tercer día después de la concepción en el útero de su madre). *Tengo apenas 3 días en el vientre de mi madre y siento que estoy en un espacio muy estrecho y trato de expresar que estoy ahí, he llegado, pero no hay forma de comunicarme con mi madre. Dice que se siente mal ... en el momento en que quiero hablar con ella se siente mal y eso me hace sentir incómoda.*

Es para entender que en algún momento podría afectar a otros y de cierto modo me dolía porque me sentía mal y es por eso por lo que no hago nada para que otros no se sientan mal... es un miedo... sentirme dependiente de otros, a veces dejo de hacer cosas que son buenas para mí. He creado una dependencia de lo que otros piensan de mí. Debo estar segura de lo que hago. Debo renunciar a la sensación de sentirme mal por otros ... no sentirme responsable por otra persona ... en algún momento creí que estaba afectando a mi madre y escuché que se sentía mal y pensé que era por mí ... pero los estragos (del embarazo) *que ella sintió eran naturales que ocurrieron en su cuerpo, pero sentí que yo era responsable... pero me doy cuenta de que no soy responsable de eso. No quiere decir que no la quiera ...* (y ahora descubre algo muy profundo) *... cuando mi madre quedó embarazada, estaba asustada porque su hijo mayor también iba a ser padre y ella también estaba mostrando síntomas de embarazo y ella no fue capaz de lidiar con eso.* (Ahora la integración pasa porque las cosas son más claras y visibles; siente los verdaderos deseos de su madre hacia ella). *Estas sensaciones de nerviosismo no son mías, mi madre quiere que crezca rápido y yo quiero crecer rápido para estar con ella... entonces debo crecer y me estoy desarrollando y está feliz de que crezca bien... no tengo la responsabilidad de lo que está pasando, simplemente es algo natural que debe pasar... libertad.*

3er Mes

Me siento bien, muy cómoda y feliz, todos saben que estoy aquí... quería que supieran que estoy consciente de que estoy aquí y saben que estoy aquí... lo siento como una conexión fuerte con mi madre, siempre me ama y me cuida... siempre... siento mucha calidez a mi alrededor... conexión.

2do Mes

Me siento muy bien, estoy intentando saber lo que está a mi alrededor, siento y escucho muchas cosas porque siento a través de mi madre, me familiarizo con muchas cosas, a ella le gusta enseñar y a mí me gusta aprender y siento que me entiende... saber.

1er Mes

Me siento feliz y siento que mi madre siente que estoy aquí... sin considerar el hecho de que está nerviosa, se siente feliz. Siento que esto es algo que no depende de mí porque ella no sabe qué pasa con su cuerpo... me da mucha curiosidad, me siento emocionada y lo siento en mi estómago.

Ella toma conciencia.

En algún momento me sentí nerviosa igual que ella (mamá) sintió, miedo a algo completamente nuevo … uno siempre tiende a sentirse nervioso por algo que no conoce … espero que sea emocionante y ella se lo tome con calma, tal vez estos miedos y nerviosismo tomen el control y no permitan ver el lado positivo. Entiendo que mi madre se siente nerviosa y temerosa de que esté por ocurrir un cambio, tal vez en su cuerpo o en tener una hija, pero siempre hay algo que aprender… espero… como aprendo… en algún momento sentí su nerviosismo y yo quiero devolvértelo y quiero recibir bien… cada momento hay cambios y por esa razón uno debe aprender para crecer. Continúa con ese deseo para saber todo lo que sabes… siento mucho amor, mucha calma… cambio"

Conciencia de Esperma

Estoy en un espacio muy claro. Quiero llegar a un lugar y moverme rápidamente y disfruto mucho el moverme a muchos lugares diferentes… hay mucha luz, emoción… un sonido de risa que viene de algún lugar dentro, muy alegre, se acompaña de mucha luz y colores vivos que se encienden… llego a una luz muy grande… entro esta luz y es como si algo explotara, muchas luces se encienden y muchos colores esparcen felicidad a mi alrededor. Mucha luz como mucha agua … siento que empiezo a tomar una forma, más definida… como que me empiezo a hacer más grande tomando una forma más definida, para poder estirarme y poder tocar … hay un óvulo y entro en él… comienzo a combinarme con él y entra una luz. Me siento bien… creciendo".

El Segundo Caso

Jenny vino a mí cuando tenía 21 años. Durante su proceso terapéutico descubrió una razón poderosa de su parto prematuro. Descubrió que su madre solía sentirse sola y quería que su hija estuviera con ella, así que esto causó que tuviera un parto prematuro. Decidí agregar algunas de sus experiencias intrauterinas, ya que son una razón para ver el parto prematuro de forma diferente.

Momento del Parto (7mo mes)

Necesitaba salir; no quería estar con mi madre. No quiero estar con mi madre, está muy preocupada, ansiosa. Mi padre la hace sentir mal y él también está preocupado, yo me siento culpable y siento estas sensaciones en mi estómago (ella menciona el recuerdo de su quinto y el tercer mes de su vida intrauterina). *Tengo 5 meses y mi mamá está muy preocupada y perturbada por una decisión que tiene que tomar con mi papá… Me siento mal porque tengo algo que ver con eso.* (En la misma sesión ahora ella también recuerda cuando tiene 3 meses en el vientre de su madre). *Estoy con mi madre y tengo 3 meses y voy a ser una carga… mi hermano está enfermo… quería salir para no sentir culpa y carga… me siento así, porque no sé lo que está pasando… como estoy con mi madre, me siento responsable de la pelea. Me sentí responsable y parte de la disputa, pero puedo desprenderme de eso. No soy responsable y no tengo nada que ver con los problemas de mis padres. No puedo dejar que me afecten las palabras de otros porque pueden hacerme sentir mal. Necesito aprender a valorarme y liberarme de esto… Me siento calmada, más libre* (se mueve y este es el sentido del movimiento). *Siento aceptación y me siento más calmada… libertad.*

6to mes (vida intrauterina)

Siento que necesito salir. No quiero estar con mi madre, está muy preocupada y agitada, no quiero estar con ella y siento estas sensaciones en mi estómago… tengo 3 o 4 meses (en el vientre) y siento que seré una carga… tengo 2 meses (en el útero). Mi madre está ocupada con Pablo (hermano mayor… tiene que hacer sus terapias, no me hace sentir mal pero mi madre está cansada. No quiero compartir este sentimiento, cansancio físico, problemas. Soy una persona separada y tengo derecho a sentir mis propios sentimientos porque es natural.

Ella sigue reflexionando: *todos son responsables de sus propias emociones; puedo ocuparme de mis problemas. Es cierto que me preocupo más y doy prioridad a otras personas, tal vez es parte de apoyar a otros, pero esto no me involucra, siempre he pensado que mi madre no será feliz, pero esto no está en mis manos* (ella procesa esa declaración) *…menos* *preocupada y más libre. Ella me ama mucho. Me siento bien, cálida, protegida y estoy bien conmigo y me conozco.*

5to mes

Ahora llegando a los 5 meses ella experimenta calma ya que toma conciencia e integra esa parte en una de las sesiones previas.

Me siento bien, todo está bien, por dentro y por fuera, estoy calmada y feliz y me siento bien.

4to mes

"Me siento bien, mi madre sabe que seré una niña y siempre ha querido esto, ella me acepta y me espera, no sé si la contemplaré, en su compañía cuando me vista y cepille mi cabello… me hace pensar en lo que espera… ella pensó que alguien pensaría como ella… se siente algo frustrada, siento estas sensaciones en mi estómago".

(Por alguna razón decidí continuar sólo hasta el cuarto mes de su vida intrauterina)

Tercer caso

Roberto es un hombre de 20 años que vino porque sentía que era una persona introvertida y callada que no tenía una buena relación con su familia, especialmente con su padre. Aunque le fue bien académicamente, todavía no estaba satisfecho con su vida y tenía problemas con las relaciones familiares. El proceso completo de terapia de vida tomó menos tiempo del esperado ya que resolvió sus problemas más rápido y una de las principales razones fue que su madre vivió comparativamente un período de embarazo saludable. Durante su etapa de nacimiento descubre la relación con sus sentidos y el sentido de conexión con el sentido de la telepatía. Su padre le ayudó a descubrir ese lazo escondido que estaba perdido en su vida y este lazo se reestableció. Él vive y descubre una consciencia interesante de sí en el 5to mes en el vientre de su madre.

Nacimiento

Puedo sentir que todos mis sentidos están agudos... olfato, tacto y oído... puedo sentir que están despertando... puedo sentir diferentes texturas, muchas cosas nuevas puedo sentir, escucho diferentes sonidos, diferentes olores... escucho diferentes tonos de voces como mucho ruido, roces de ropa... me hace sentir muy bien... escuchar, tocar, oler.... No siento un cambio de visión tan abrupto... es algo brumoso... siento más movimiento que me llama la atención y me toca... muchas personas están ayudando a mi mamá y cerca siento la presencia de más madres. Mi padre nos espera ... siento mucho amor mientras soy envuelto como parte de mi madre... mi papá está lejos... están seguros de cómo me siento y están seguros de cómo estoy. Me siento más grande... me hace sentir yo mismo... sentir.

9no Mes (vida intrauterina)

Siento que tengo una relación con mi familia... un lazo con todos... se estaban preparando para que naciera... me hace sentir que tengo un nivel de importancia en mi familia... un lugar que ya está marcado... me siento protegido... cálido.

8vo Mes

Me siento en calma... creo que seguiré conociéndome... intento cerrar mis ojos y... relajarme... me siento cómodo... satisfecho... calma.

7mo Mes

Me siento emocionado... feliz, intento expresarlo a través del movimiento... creo que se lo estoy transmitiendo a mi madre... es increíble, tiene trabajo que hacer... me siento en paz, me siento feliz, es por eso por lo que... me hace sentir emocionado... gracia.

6to Mes

Me estoy concentrando... es como si estuviera haciéndome una idea para entender mi entorno... me refiero al entorno de mi madre... tranquila (madre)... me hace sentir una "conexión" con mi madre y de cierta manera percibo y aprendo de la energía que a mi alrededor hay, una sensación de calidez y frío, más sensación de estar cómodo y menos de estar incómodo... la sensación de estar conmigo y con otros... percibo el placer de sentirme y con este puedo recibir y aprender. Me hace sentir que mi cuerpo es una forma de amor... mi propio amor... me siento completo... reconocimiento.

5to Mes

Siento que estoy adormilado, me siento algo cansado, sólo quiero descansar... dormir... siento la energía baja... me parece que tal vez mi madre tuvo un disturbio emocional y ha deseado lidiar con ello. Siento la falta de comida. Yo creo que se transmite energía y puedo percibir las energías y empecé a sentirme así... siento muchas veces lo que siente mi madre, pero debo decirle que tengo que sentir lo que puedo sentir y mi mente, energía y cuerpo dar la idea y decirme "esto no es culpa de ella, sólo yo debo empezar a diferenciar, entre mis propias sensaciones más que nada y saber que el resto de ellas faltan en mí (es muy importante para un bebé el sentirse y elegir conectar con la madre con una conexión saludable y no a través de la depresión, tristeza, etc. ¿Puede esto cambiar la dinámica de presentes o futuras enfermedades y desórdenes?). Él continúa...

Siento que en ocasiones mi madre puede transmitir con precisión ciertas sensaciones, también se ha sentido feliz o triste... no quiero estar triste... no debo llevar las sensaciones de mis padres... puedo reconocer mis sensaciones. (La simple sensación en el vientre de la madre puede influenciar y decidir el futuro del bebé). Él procede a tomar consciencia.

Debería sentirme más... intentar estar en meditación sólo conmigo mismo y esto me ayudará a sentir lo que "quiero". Hay algo malo que puedo sentir y debo entender, la verdad que siento y no puedo dejarme afectar por diferentes personas o energías ... No debo intentar ejercer la presión de mi madre sobre mí. Yo puedo amar y ella también. Puedo estar tranquilo y ahora no quiero dormir... no sentía mis energías como quería sentirlas, pero sentí que estaba recibiendo energías de mi madre y ahora conscientemente puedo seguir sintiendo mi calma... único.

4to Mes

Me siento bien, siento como crezco, siento que ella (madre) *está tranquila y me hace sentir calmado... conexión.*

3er Mes

Me siento bien, me siento cómodo como si tuviera espacio para todo porque puedo moverme. Siento la capacidad... sensaciones de sentirme libre y puedo moverme en cualquier dirección... siento que mi madre también está tranquila... espacio.

2do Mes

Me siento muy feliz... siento que todos en mi familia están ahí... de ese modo esta emoción es como felicidad... felicidad.

1er Mes

Me siento en calma. Me quedo quieto... siento como una emoción dentro de mi... como si fuera parte de todo... completo.

Espero que estas experiencias descritas en este capítulo te ayuden a entender y reflexionar de una forma diferente a la de antes. Espero esta consciencia de experiencias intrauterinas respondan a algunas de tus curiosas preguntas. También deseo que cada uno de ustedes comparta su consciencia y curiosidad con otros para que todos nosotros podamos trabajar para asegurar saludables y prósperos embarazos. La vida debe continuar sin importar qué.

Conclusión

Me hace muy feliz el compartir esta información contigo; juntos hemos tomado un paso hacia adelante y espero que muchos de ustedes continúen yendo hacia adelante. Espero que cada uno de ustedes pueda guiar a otros hacia un embarazo saludable si optan tener un bebé en algún momento en el futuro. Muchos de ustedes han encontrado una conexión personal con la información compartida en este libro y en sus propias experiencias vividas. Espero que ahora que hemos llegado al final de este libro, la vida del bebé en el vientre de su madre ya no sea un misterio, y que la mayoría de ustedes acepte la idea fundamental de la percepción y sensibilidad de la vida intrauterina.

Muchos de ustedes estarán de acuerdo en que una de las cosas más importantes en la vida es encontrar libertad interior y un balance en nuestro mundo. La búsqueda de transformación comienza dentro; uno de los pasos más difíciles – el primer paso – por tomar antes que nada es aceptarnos como somos. Mi viaje comenzó en el momento en el que escuché a mi abuela dando consejo a mi madre cuando estaba embarazada de mi hermano pequeño. Muchos años después, incluyendo los 17 años de práctica y abundante curiosidad, me encontré siendo impulsado fuera de lo tradicional a través de patrones y resistencia. Encontré progreso en cada etapa de mi desarrollo mientras mis propias ideas gradualmente se materializaron.

Nuestra vida intrauterina forma los cimientos del resto de nuestra vida. Un bebé goza del privilegio de ser super consciente: sus conexiones con su madre a través de 18 sentidos pre y post parto directa o indirectamente influencian su vida. Su futuro es decidido antes de nacer y si recibe calidez, comprensión y experiencias de amor incondicional y unión de su mamá y papá, entonces vivirá una vida feliz. Tendrá la habilidad de enfrentar los retos de la vida con calma y sabiduría. Por otro lado, si experimenta rechazo, dudas e incomprensión, vivirá una vida llena de tristeza, dolor y potencialmente insatisfecho. Sus habilidades permanecerán sin desarrollarse y desafortunadamente sufrirá confusión y vacío a lo largo de su vida. Puede que sea "exitoso" a los ojos de la sociedad, pero se sentirá vacío por dentro.

He transmitido mis pasiones y convicciones con todo mi corazón y genuina simplicidad. Mi deseo es que todos los padres continúen ayudando a sus bebés para que puedan tener la oportunidad de vivir una vida plena y saludable. Te dejo para que reflexiones sobre tus propias experiencias en la vida y encuentres tus propias respuestas.

Hasta entonces, ¡que cada bebé disfrute su derecho innato de amor incondicional dentro y fuera del vientre de su madre!

Referencias

Anónimo. Artículo en Telepatía http://www.themystica.com/mystica/articles/t/telepathy.html)

Cevallos, Diego (2008). Monografía, El Primer Botón [Monograph, The First Button], Quito, Ecuador

Dr. Lipton, Bruce (2005). La Biología de Creer, Editorial Hay House, Edición 18

Imbert, Claudia (2004). El futuro se decide antes de nacer [The future is decide before birth]. Editorial Desclee de Brouwer (Bilbao). Impreso en España.

Dr. Farrant, Graham (1988). An interview by Steven Raymond "Cellular consciousness and conception." http://www.real-personal-growth.com/res_fixing/graham_farrant/ graham_farrant_interview.htm

Herrera, Pablo (2005). Monografía, La unión psíquica niño-madre en la fase intrauterina desde el enfoque de la psicología profunda en Hipnosis [Monograph, The child-mother psychic union in the intrauterine phase from the deep psychology in Hypnosis Perspective]. Quito, Ecuador.

Jastrow, Robert (1981). Artículo, "Desbloqueando los Secretos de la Mente," The Tuscaloosa News, Dic, 6, 1981, Página 95 https://news.google. com/newspapers?nid=XUmZziuz7kC&dat=19811206&printsec= frontpage&hl=en

Jorge (2011). Comunidad Espiritual Virtual y Revista Digital Holística [Virtual Spiritual Community and Holistic Digital Magazine]. Artículo, claves para vivir en amor incondicional de los hermanos indios hopi {keys to live uncondi-tional love of the indian brothers hopi] http://hermandadblanca.org/claves-para-vivir-en-amor-incondicionalde-los-hermanos-indios-hopi/

Meinhold, Werner (2013). Introducción a la psicología profunda integral en terapia para investigación de hipnosis analítica. Koroni, Grecia.

Meinhold, Werner (2008). El Gran Manual de la Hipnosis [The Great Manual of Hypnosis]. Editorial Trillas, México, Primera Edición.

Meinhold, Werner (2010). Psicoterapia en Hipnosis [Psychotherapy in Hypnosis]. Editorial Trillas, México.

Meinhold, Werner (2010). V Seminario Internacional de Terapia Integrativa de Psicología Profunda bajo Hipnosis [The 5th International seminar of Integrative therapy of depth Psychology in Hypnosis]. Quito, Ecuador.

Meinhold, Werner (2001). VI Seminario de la Hipnosis Terapéutica I.T.T.H. [The 6th Seminar of Therapeutic Hypnosis I.T.T.H.]. Quito, Ecuador.

Meinhold, Werner (2001). VII Seminario sobre Hipnosis Analítica de Psicología Profunda [The 7th Seminar on Analytical Hypnosis of Depth Psychology]. Quito, Ecuador.

Meinhold, Werner (2002). VIII Seminario de la Hipnosis Terapéutica I.T.T.H. [The 8th Seminar of Therapeutic Hypnosis I.T.T.H.]. Quito, Ecuador.

Meinhold, Werner (2003). X Seminario de la Hipnosis Terapéutica I.T.T.H. [The 10th Seminar of Therapeutic Hypnosis I.T.T.H.]. Quito, Ecuador.

Meinhold, Werner (2004). XI Seminario Internacional de Hipnología. [The 11th International Seminar on Hypnology]. Quito, Ecuador.

Meinhold, Werner (2005). XII Seminario Internacional de la

Hipnosis Terapéutica I.T.T.H. [The 12th International Seminar of Therapeutic Hypnosis I.T.T.H.]. Quito, Ecuador.

Meinhold, Werner (2006). XIII Seminario Internacional "Reencarnación" [The 13th International Seminar on "Reincarnation"]. Quito, Ecuador.

Meinhold, Werner (2008). XVI Seminario Internacional de "Sexualidad" [The 16th International Seminar on "Sexuality"]. Quito, Ecuador.

Meinhold, Werner (2009). XVIII Seminario Internacional de "Cáncer, Orígenes Emocionales, Prevención y Terapia bajo Hipnosis" [The 18th International Seminar on "Cancer, Emotional Origins, Prevention and Therapy in Hypnosis"]. Quito, Ecuador.

Meinhold, Werner (2010). XIX Seminario Internacional de Hipnosis "La conciencia humana" [The 19th International Seminar on "The Human Consciousness"]. Quito, Ecuador.

Meinhold, Werner (2010). XIX Seminario Internacional de Hipnosis "La conciencia humana" [The 19th International Seminar on "The Human Consciousness"]. Quito, Ecuador.

Pollan, Michael (2014). Articulo at www.pri.org "Nuevas investigaciones en inteligencia de plantas pueden cambiar para siempre lo que crees sobre las plantas" http://www.pri.org/stories/2014-01-09/new-research-plant-intelligencemay-forever-change-how-you-think-about-plants)

www.ingramcontent.com/pod-product-compliance
Lightning Source LLC
Chambersburg PA
CBHW060508030426

42337CB00015B/1802